华文教学研究丛书

总主编 郭 熙
副总主编 李嘉郁

华文测试与教学评估研究

主编 黄霆玮
副主编 王 芳

商務印書館

总主编	郭　熙			
副总主编	李嘉郁			
主　编	黄霆玮			
副主编	王　芳			
编　者	黄霆玮	王　芳	原　鑫	
作　者	陈　宏	何子煌	胡林生	柯华葳
	梁荣基	罗庆铭	宋如瑜	苏启祯
	王汉卫	吴福焕	吴英成	谢泽文
	张郁雯	赵守辉	周清海	祝新华

前　言

郭　熙

一直以来，汉语教学被简单地两分：一是国内的语文教学，二是对外国或外族人的第二语言教学。近年来，华文教学被逐步地单列出来，无论是教学还是研究方面都取得了不小的进展。华文教学以华侨华人子女为对象，以语言文化传承教育为目标，旨在比较全面地培养这些“祖语生”使用母语文的能力。在世界各地非母语环境下开展母语教学，有各自的特殊情况，因此，华文工作者在勤力教学的同时，也围绕华文教学开展了大量的研究工作，发表了一大批研究成果。这些成果内容丰富，涵盖面广，它们源于不同的华语区，也发表在不同的华语区，表现出不同的风格和特点。它们有的重在理论，有的重在实践，针对性、目的性很强。

另一方面，随着华文教学事业的发展和队伍的扩大，对华文教学研究成果的借鉴和吸收也成了华文教学工作者的迫切需求。但是这些文章发表在不同时期和地点，查找起来比较困难。我们觉得有必要把相关的文献搜集起来，进行编辑整理，于是就有了这套《华文教学研究》丛书。

这套丛书共10册，分别为：《华文教学理论研究》《世界华文教育现状研究》《华文教学方法研究》《华文听说教学研究》《华文读写教学研究》《中华文化教学研究》《华文教师培养与培训研究》《华文教材编写研究》《华语习得研究》《华文测试与教学评估研究》。

这次编选的总体思路是将相关论文的主要观点、研究方法、材料和结论集中起来，并尽可能地形成一定的框架，篇幅上则对原作尽量压缩，以便多选录一些。为了使读者对各册所涉领域的研究有一个总体的认识，我们请各册的主编分别进行了综述，希望这些综述能够反映该领域的实际。

选文尽可能考虑了不同观点的吸纳，但种种原因，未必能都照顾到，盼读者和作者谅解。

文献来自各个华语区，术语、行文风格和语言习惯都有差异。考虑到反映各地的实际面貌，除了一些技术性更动，语言方面大体保持原貌，必要时也加了一些注释。

这是我们第一次对世界各地华文教学研究进行梳理和总结，加之经验不足，时间紧迫，材料搜集困难，丛书一定有许多问题和不足。我们期待着读者的批评指正，更期待着更多的人关心华文教学研究。

目　　录

综　述

黄霆玮

测试是语言教学过程中的一个环节，有教学就有测试，在语言教学的过程中，随时都会遇到各种各样的测试。在教学过程开始前，人们常常通过测试来安置学生，给学生分班或者确定课程难度等；教学过程中，教师使用测试检验教学的效果，根据测试的结果及时查缺补漏；教学结束后，测试可以用来选拔人才、评价学习者的水平等。测试一直贯穿于语言教学过程的始终。

除了对语言教学工作者有用以外，语言测试还可以为研究者提供信息。语言测验是一种测量工具，是语言研究和语言教学研究的一个重要手段。[①] 每个测试都是基于某种理论的，人们根据各种不同的理论开发出不同的测试，对实际测试结果的分析能反映这种理论的可靠程度。

在华文教学领域，有关测试的研究起步较晚，但是华文教师和研究者们一直在自觉或非自觉地使用华文测试，他们通过测试了解学生的语言能力水平、评估教学情况。在华文测试实践的推动下，关于华文测试的理论探讨逐渐深入。近年来专门针对华侨华人的大型标准化测试已经出现，华文测试正逐步走向

---

① 郭树军《汉语作为第二语言的测试》，赵金铭主编《对外汉语教学概论》，商务印书馆，2010 年。

规模化和科学化。

华文测试和 HSK 一样，都是汉语测试，区别首先在于针对的被试群体不同，华文测试的被试群体是海外华侨华人，HSK 的被试群体是把汉语作为第二语言学习的外国学生。汉语对于海外华侨华人是民族语，华文教育是海外华侨华人的母语或民族语教育。① 这一特性决定了华文测试在测试内容、形式以及难度上都有所不同。本书所收文章都是以华文测试为研究对象的，包括大型标准化测试，也包括教师自编的课堂测试，还有一些把测试用于教学评估、语言政策评估的文章。

一 华文测试在海外的发展概况

虽然华文测试领域中还没有像 HSK 一样有广泛影响力的考试产品，但不论在国内还是在海外华侨华人聚居的地方，人们已经逐渐认识到华文测试的重要性，很多机构都在致力于华文测试的研发和开展。

陈玉兰(2009)介绍了印尼“华语文能力考试”的情况。② 这个考试的前身是印尼中文统一会考，中文统一会考是印尼“国家级外语统一会考”之一。2008 年印尼国家教育部提出了一系列会考改革方案，包括指定各个外语统筹处研制“外语能力考试”，统筹处可编写外语教材，成立语文能力考试机构，制定各个等级的最低标准教学大纲、考试大纲，并由语文能力考试机构颁发语

---

① 郭熙《论海外华文教学的性质和地位》，郭熙《华语研究录》，商务印书馆，2012 年。

② 陈玉兰《印尼基础华语文能力考试简介》，《第八届东南亚华文教学研讨会论文集》，菲律宾华教中心，2009 年。

文能力考试证书。改革后的"华语文能力考试",共分为四个等级:基础、初级、中级和高级。考试的范围由印尼国家教育部校外教育司中文统筹处颁布的能力标准、基本标准划定。该改革的亮点之一是每个级别均设置了口语考试,进一步体现对目的语掌握能力的全技能(听、说、读、写)的要求,该考试已于2009年开始试考。

除印尼以外,菲律宾华教中心也设计了等级统一考试——华语等级测验(HDC),该考试的主要目的是检测华校学生学习和教师教学效果。HDC是一种成绩等级测试,测试以菲律宾华校的华语课本册数为蓝本开发,共分12个等级。HDC的每个题目都对应着教材的一个或几个知识点。测试结果可以为教学单位和教师提供诊断信息,例如学生在哪些方面已经达到教学要求,哪些方面还要加强训练。HDC已经建成了题库,每一份试卷都由题库电子文本自动生成,并且标有难度、区分度、效度等测试学指标。① 有学者探讨了菲律宾华校在教学过程中使用的各种测试,提出要重视测试对学习效果的诊断作用以及对教学过程的评估作用。文章还明确华文测试的特殊性——文化教学的重要性,认为华语教学承载着"文化教学"使命,要努力保持并发扬学生的中华文化情结,培养并丰富他们的中华文化人格,促进中华文化与菲律宾文化的交流融合。②

在新移民较多的澳大利亚和美国,也有汉语考试是专门针

① 郝爱廷《菲律宾华语测试的初期阶段》,《第八届东南亚华文教学研讨会论文集》,菲律宾华教中心,2009年。

② 苏山《浅谈华语教学考试——明确华语教学目标、规范华语教学考试》,《第八届东南亚华文教学研讨会论文集》,菲律宾华教中心,2009年。

对海外华侨华人的。早在20世纪70年代中期，澳大利亚维多利亚州（首府墨尔本）教育部就把中文纳入了大学入学考试体系，是西方国家以中文成绩作为大学入学标准的创始者。目前维州的中文会考分为三种，有母语组、非母语组和第二语言高级组。第二语言高级组即为在海外出生并居住至12岁的华裔学生。维州会考是一种选拔性测试，已有较长时间的历史，测试内容包括校内和校外两部分互相补充，考查内容完备，题型设计也很新颖。口试部分采用角色扮演和面试等形式，阅读、听力采用读后说、听后说等，会考也很重视中国传统文化，写作及口试部分都有"有关中国语言文化的特定题目"。①

2006年，美国大学理事会在全美设置大学先修（简称AP）中文课程，从2007年开始举办AP中文考试。AP中文课程程度相当于大学二年级第二学期（或是250学时）的中文课程，一般认为考试题目很有挑战性，但由于参加考试的学生大多为海外华侨华人，所以绝大部分考生成绩相当高。AP中文课程强调中国文化与语言相结合，测试的内容也多与文化有关，部分题目和中国的节日及文化常识相关。②

众多专门针对海外华侨华人的测试说明大家已经意识到华文测试的重要性，意识到一个统一的能力标准对华文教学的重要性。那么如何编制一个测试？怎么评价一个测试是好是坏？测试能对教学起到哪些作用呢？这些都是测试学科研究和关注的问题。

---

① 吴坚立《澳大利亚维多利亚州最新中文会考介绍》，《第八届世界华语文教学研讨会会前论文集》（三），中国台湾世界华语文教育学会，2006年。

② 陈雅芬《美国大学先修（AP）中文考试趋势分析：比较其他AP外语考试结果》，《第九届世界华语文教学研讨会会前论文集》（三），中国台湾世界华语文教育学会，2009年。

二　华文测试中的理论问题

编制一个新测试首先要考虑这个测试的用途，即为什么开发这个测试？为谁设计这个测试？然后再根据测试目的选择题型、进行试测、调整题目难度等。研究华文测试首先要思考的问题是开发华文测试的必要性，即为什么要开发华文测试？华文测试有存在的基础吗？

王汉卫(2009)总结了研制华文测试的三个基础：海外有相当数量的华人人口、海外华人讲的华语不同于一般意义上的第二语言、汉字和汉文化对海外华人有深入骨髓的影响。[①] 人们常说“有海水的地方就有华侨华人”，千百年来海外华人讲华语、写汉字，较好地保存了民族语言文化特征。华语是海外华人社会的一种“非典型第二语言”，华人、华裔学习汉语，是学习本民族的语言，这不仅是学习使用一种交际工具，也是传承民族文化特征的自觉行为。华人、华裔在学习汉语的过程中还有一些特点，例如很多人会某种汉语方言而不会华语华文、听说和读写发展不均衡等。这些特点决定了华文测试与 HSK 等汉语作为第二语言的测试有诸多不同之处，我们总结归纳如下：

首先是测试对象不同。华文测试是专为海外华侨华人设计的。华文测试的被试群体是海外华侨华人，和被试群体为汉语作为二语学习者的测试不同。对象的不同决定了测试的内容、形式不同。对华文测试特点的思考最早来自于 HSK 的相关研究中。陈宏(1995)在研究 HSK(初中等)的信度问题时，发现不

① 王汉卫《论“华语测试”的三个基石》，《暨南大学华文学院学报》2009 年第 1 期。

断增长的“有中国背景”的考生团体(这里指以新加坡为例的海外华人)并没有影响信度系数。[①] 信度是反映一个测试稳定性的指标,信度越高越好,说明测试越稳定,越能反映被试的真实水平。这是否说明 HSK(初中等)也适合这些“有中国背景”的考生团体?经过严谨详细的论证,他认为“有中国背景”的考生参加 HSK(初中等)属于“常模误用”,也就是说,HSK(初中等)不适合这些考生。

其次是测试内容不同。对外国留学生的汉语测试一般会弱化中国文化,选用的语料都是有关日常生活的或科普类等不涉及传统价值观的文章。而对于华裔来说,保持民族文化、接受传统教育则是华文教学的重要内容。有研究者把“中华文化知识竞赛”和 HSK、HDC 并提,认为“中华文化知识”等反映华族民族特征的内容也应成为华人、华裔学习华语的一部分。同时,他也提到“华校学生不适宜参加 HSK 考试”的问题(郝爱廷,2009)。华文测试内容的特殊还表现在汉字上。对外国留学生的汉语测试对书写汉字要求不高,而华文测试则应更重视汉字在华文教学中的地位和作用。

华文测试的第三个特点表现在语言规范问题上。对外国留学生的测试以普通话为标准,语音、语法和词汇等都以普通话为标准。而华文测试以“华语”为标准,“华语”是以普通话为标准的华人共同语,[②]包括中国大陆、新加坡、中国香港、中国台湾等各地的华语,各地华语有共性,也有差异。华文测试对轻声、儿

---

① 陈宏《关于考生团体异质程度对 HSK(初中等)信度的影响》,张凯编《汉语水平考试研究论文选》,现代出版社,1995 年。

② 郭熙《论“华语”》,《暨南大学华文学院学报》2004 年第 2 期。

化等语言现象应放低要求。周清海(2001)谈到了“语言区域变体”的问题,认为华文测试应注重华语的共性,减少地域特征,同时也要保留各自的语文特点。[①] 不管是北京普通话、中国台湾所说“国语”、中国香港或者新加坡华语里的特殊成分,都不应该作为测试的项目,测试应以华语的共同核心为依据。同时,各地区不能避免地要接受自己的常用词汇、语音特点以及语法句式,这些都应包含在测试范围内。

华文测试和汉语作为第二语言的测验也有许多共通之处,华文测试可以为华文教学提供许多信息。梁荣基(1994)从认知角度探讨了选择题、是非题、听写等几种常用题型的作用,即如何从中分析提取对教学有用的信息,这项研究将测试测查的语文能力和认知层次相联系起来,对华文教师编写题目很有启发。任何测试最终都能得到一个分数,明白分数的意义并能合理地解释分数,应是教师的基本素质之一。谢泽文(2003)讨论了如何分析和解释测验分数,还介绍了原始分、标准分、Z 分数和 T 分数等常见的分数计算方法。[②] 这些文章介绍了基础的测量学知识,对华文教师和其他测试使用者正确理解分数、合理使用测试很有帮助。

在语言测试领域,关于语言能力问题的研究是一项基础研究。我们测量语言能力,但目前对测量对象的认识目前还处于非常浅显的阶段,对于什么是人的语言能力,还没有一个定论。

---

① 周清海《语文测试里的语文问题》,《新加坡华文教学论文二集》,新加坡华文研究会,2001 年。

② 梁荣基《从认知层次看语文测试的形式和作用》,《新加坡华文教学论文集》,北京语言学院出版社,1994 年;谢泽文《测验分数的处理和解释》,《教学与测试》,新加坡华文教师总会,2003 年。

在华文测试领域中，语言能力问题也一直备受关注。周质平(1984)讨论了口语能力的构成；张莉萍(2003)则从语义、句式、语气、话题、应对方式等向度研究听力能力；韩彤宇(2003)探讨了主观测验的评分标准对语言能力定义的影响；周清海(1998)分析了影响双语教育的因素，例如人的智力、性别，不同语言的特点等对华语学习的影响；梁荣基(2001)以新加坡特选中学的学生为研究对象，分析了他们在听、说、读、写方面的能力偏差，总体来说就是说比写强，词汇贫乏是他们书面表达的最大障碍。① 这些研究已经包括听、说、读、写等各种子能力，也注意到了人的自然属性和社会属性对语言能力的影响，这些研究成果对于语言教学、开发测试和制定语言政策有一定的参考价值。但有的研究还未区分华侨华人与其他汉语作为二语的学习者，讨论的是一种宽泛的华语语言能力，对专门的华人、华裔的语言能力研究还不够透彻深入。

三 华文测试的实践

根据所测量的语言技能分类，语言测试可以分成听、说、读、写等几种。这几种测试中，学界对阅读测试的研究最为集中和深入。这种现象和阅读测试自身的特点有关，阅读测试的试卷

① 周质平《中文口语能力测定之拟议》，《第一届世界华语文教学研讨会论文集教材教法组》，中国台湾世界华文教育协进会，1984年；张莉萍《华语听力测验内容探讨》，韩彤宇《从不同的评分标准系统看对学生语言能力评估的影响》，《第七届世界华语文教学研讨会论文》(第七册)，中国台湾世界华语文教育学会，2003年；周清海《文化、智力、性别与双语能力》，《华文教学应走的路向》，新加坡南洋理工大学中华语言文化中心，1998年；梁荣基《学生的双语背景和书写能力》，《新加坡华文教学论文二集》，新加坡华文研究会，2001年。

是书写材料，被试的回答也是书写材料。和听、说、写等其他测试相比，举行阅读测试比较简便易行，而且进行后期的结果分析也比较容易。

在阅读测试的研究中，有对阅读能力的研究，有对阅读题出题技巧和策略的研究，还有对阅读材料文本难度的研究，对新的阅读测验形式的研究。对阅读能力的讨论可以帮助华文教师等出题的人对阅读测验的整体设计有更清晰的认识，谢泽文(2003)把阅读理解能力分为七个小类，三个层次，分别是：翻译、释意和推衍。考查阅读能力也应分出层次，一篇好的阅读理解应有各种层次的题目，较低层次的题目如通过速记和查找就回答的问题，也有较高层次的问题，如必须通过推衍才能预知的文中没提及的若干信息，作者没有明确表示的态度或心情等。谢文还简要介绍了如何计算题目区分度(discrimination)的简单方法。难能可贵的是，谢文还提到了要注意华文测试的特点，不能照搬英文测试的考查方法。祝新华、高慕莲(2006)采用"阅读测试层次——题型系统"作为研究框架，这种框架把阅读题目分成复述、解释、重整、伸展、评鉴、创意六个层次，分析了新加坡等地阅读试题中各种认知层次题目的分布情况。祝新华(2009)用新加坡小学离校考试中阅读理解试题的实际例子，详细分析了如何编写一个好阅读理解题。① 以上三篇文章资料翔实、客观

① 谢泽文《阅读理解能力的测量》，《教学与测试》，新加坡华文教师总会，2003年；祝新华、高慕莲《中学现代文阅读试题存在的问题及改进刍议》，《新加坡华文教学论文四集》，新加坡华文研究会，2006年；祝新华《从老师的编题表现讨论华文科篇章阅读理解试题的编制策略》，《新加坡华文教学论文六集》，新加坡华文研究会，2009年。

可靠，总结得出的编题建议非常实用。前两篇文章都谈到了在阅读测试中应注意不同层次题目的分布，这确实是出阅读题目时应注意的一个问题。

在教学中，教师要为学生选择恰当的教材和课外读物，编写教科书的人要选择合适的篇目进入课本，审查课本的人要鉴定课本是否适合学生水平，这些都与阅读文本的难易度测量有关。阅读材料的难易度又称为文本的可读性，研究可读性对于编写教材、编制阅读试题等都有重要意义。对阅读材料的难度研究是一个热点，相关的研究较多。谢泽文(1994)和苏启桢(1994)介绍了常见的集中测量阅读文本难易度的方法，并比较了这些方法的优缺点。阅读文本难易度的研究在国外已经有七八十年的历史，罗庆铭(2007)对国内外的相关研究做了一个总结性梳理，后采用实证研究的方法得出结论：篇章的生词量与它的难度等级存在正相关，也就是说，生词量会影响篇章难度。该文使用公式法计算华文篇章的难易度，在客观评价文本难易度上迈出了可贵的一步，文章在理论和研究方法上都值得借鉴。①

同样是阅读测试，不同题型的测试也有不同特点。梁荣基(1994)、吴英成(2010)、胡林生(2001)等分别讨论了多项选择题、完形填空和短句测试等常见的几种题型应用于实践中时应注意的问题，分析了这几种题型的适用范围等，对于测试的开发

---

① 谢泽文《阅读难度的测量》，《新加坡华文教学论文集》，北京语言学院出版社，1994年；苏启桢《华文阅读难度的测定》，《新加坡华文教学论文集》，北京语言学院出版社，1994年；罗庆铭《新加坡中学华文会考阅读篇章的难易度分析》，陈之权、张连航主编《理论、实践与反思：新加坡华文教学论文十三篇》，新加坡国立教育学院中文系，2007年。

者和华文教师有一定的参考价值。①

王汉卫(2008)根据华语的特点,提出新的一种阅读测试方式,这种方式以语素为基本单位。这种测试方式,不仅消除了使用选择题可以猜测的负面影响,而且对汉字的要求较高,符合华语测试的特性。② 这种对新题型的探索对于听力、写作等测试也有一定的启发作用。

除了阅读理解以外,也有部分关于听力、说话的测试研究,但和阅读理解研究相比,不论在广度和深度上都还不够。何子煌(2001)探讨了听力测试的改革,文中综述了听力测试研究的现状,还借鉴了托福(TOFEL)等其他第二语言听力测试,并在此基础上提出了听力测试改革的建议,是听力测试领域中值得一读的好文章。③

以上我们讨论的是以教学内容为蓝本的测试,也称为成绩测试,这种测试可以达到检验教学效果的目的,是一种教学后的测试。下面我们讨论教学前测试,即用于分班的安置测试。中国台湾世界华语文教育学会于 2002 年开始着手编制专门针对华侨的侨生华语文能力测试,用于把在中国台湾就读大学的华侨学生分入不同的华文课程中,同时兼有评估华侨学生华文能力的作用。

---

① 梁荣基《利用多项选择题来测定学生语文能力的利弊》,《新加坡华文教学论文集》,北京语言学院出版社,1994 年;吴英成《克漏字测验》,《汉语国际传播:新加坡视角》,商务印书馆,2010 年;胡林生《短句测试的多元推理方式》,《新加坡华文教学论文二集》,新加坡华文研究会,2001 年。

② 王汉卫《华语阅读测试论》,暨南大学博士学位论文,2008 年。

③ 何子煌《探讨华文听力测验的改革》,《新加坡华文教学论文二集》,新加坡华文研究会,2001 年。

宋如瑜(2004)对该测试的总体设计,特别是对华侨学生学习难点的调查以及华侨学生需要面对的话题语境做了详细论述,文中还保留了很多调查所得的第一手材料,对研制针对华侨华人的测试具有很强的参考价值。柯华葳、宋如瑜、张郁雯(2004)是一篇研发报告,主要介绍了该测试中听读理解能力测试的设计和实测情况。文中不仅有有关听读测试总体设计的思考、测试内容的介绍,还有关于试测情况以及试测之后的信度、效度分析。分析结果显示该测试的信度、效度都达到了一个标准化测试的标准,该测试还建立了常模,可以说这是目前唯一应用测量学理论开发的、专门针对华侨华人的大型标准化测试。①

根据测试的评分方法分类,我们可以把测试分成客观测试和主观测试,主观测试评分时由评分员给出分数,客观测试则不需评分员做出主观判断,最常见的主观测试有作文和口试等。在作文、口试等的评分实践中,人们发现不同人对同一个语言样本的评价差距很大。谢泽文(2003)研究了华文教师在作文评分中的主观程度,研究结果显示即使有统一的评分标准,作文评分中的主观因素也无法避免;同样一篇作文,男性教师打分略高于女性教师。② 这些结论和第二语言测试研究中的相关研究成果一致。

四　华文教学评估

语言测试的目的之一就是为了评估教学过程,为教学提供

① 宋如瑜《文化适应与语文学习》,柯华葳主编《华语文能力测验编制——研究与实务》,台湾远流出版社,2004年;柯华葳、宋如瑜、张郁雯《侨生"国语"听与读理解能力测验编制报告》,《华语文教学研究》2004年第1期。

② 谢泽文《作文评分研究》,《教学与测试》,新加坡华文教师总会,2003年。

必要的反馈信息。关于评估的研究可以分为对教师、教材、教法的评估，还可分为评估策略、评估方式、评估内容等的研究。祝新华的一系列文章提出了华文评估的几种策略和方式，并对其中的“赞赏——建议型策略”“以能力为导向的策略”“促进学习的策略”等做了详细论述，文中还给出若干实例，对于华文教师有一定参考价值。梁荣基(1999)提出了对华文教师进行评估的方法，他把评估内容分为可测量因素和不可测量因素两大类，对其中各自包含的小类进行了逐一分析，这篇文章是为数不多的关于教师评估的文章，对于教学机构进行教师评估很有参考价值。①

新加坡素有“语言实验室”的称号。新加坡官方通用语言是英语，而新加坡人口中，华人占到了大多数。据相关资料显示，到2000年，新加坡的华人占到总人口的76.8%。特殊的国情使得新加坡政府及社会非常重视语言政策对语言教育的影响。新加坡华文政策的特点是政府通过语言教育规划进行积极参与和领导，具体手段是通过高层政治领袖的报告书形式进行阶段性检讨。政府对于每一次华文教学改革的结果都非常关注，由此也促进了对于教学过程评估的研究。赵守辉、吴福焕(2009)介绍了一项新加坡正在实施的大型华文教育改革长期研究项目，这个项目的核心目的在于全方位评估新加坡小学始于2006

---

① 祝新华《建构能力发展导向的语文评估模式》，《华文学刊》2003年第2期；祝新华《建构“促进学习”的华文评估策略》，《华文学刊》2006年第1期；祝新华《华文科校内评估的改革：九个策略》，《新加坡华文教学论文四集》，新加坡华文研究会，2006年；祝新华《探讨灵活多样的华文评估形式》，《新加坡华文教学论文五集》，新加坡华文研究会，2008年；梁荣基《语文教师的评估——可测量和不可测量因素》，《语文教学与测试》，新加坡综合出版私人有限公司，1999年。

年推行的单元模式课程改革的实施效果。文章回顾了新加坡华文教育发展及语言社会变迁的轨迹，介绍了当前华文改革的背景，还在综述部分概略考察了华文教育改革评估的现状和经验，之后重点介绍了该评估项目的研究思路和方法以及实施情况。这篇文章是对大型教学改革项目的评估，对于我们了解新加坡华文教育的现状，以及测试用于教学评估的方式方法等都非常有帮助，略显不足的是文章略去了具体数据和操作步骤。①

综上所述，华文教学评估是一个充满了活力的研究领域，但是全面系统的评估研究仍不多见。测试对教学的评估功能还远未挖掘出来。

五 回顾与展望

随着华文教学的发展，越来越多的人开始关注华文测试。目前，华文测试的理论研究已取得一定进展。华文测试的研制基础、测试的对象以及测试内容等都已有一些研究成果，对这些问题的讨论已经初步形成共识。人们还有意识地借鉴了认知心理学、心理测量学等相关学科的成果，这种借鉴不断拓宽着华文测试的研究领域。测试实践是推动测试理论研究的动力，也是推动学科不断发展的动力。华文测试实践的研究细致全面。研究的内容非常广泛，包括听、说、读、写等各种分测试。研究的角度也比较多样，包括命题、评分、文本难易度等。研究方法上有实证研究，也有理论思辨。

---

① 赵守辉、吴福焕《新加坡小学华语课程改革效果的综合评估——设计、实施及意义》，《第九届世界华语文教学研讨会论文》（第三册），中国台湾世界华语文教育学会，2009 年。

华文测试的研究仍然任重道远。理论建设取得了一定成就，但还未形成系统，研究还欠深入。测试实践的研究和教学的评估研究还有很大提升空间。目前的评估研究多是一些经验性总结，缺乏测量学研究方法的应用，还有待完善。

编制测试不是一件容易的事，用好一个测试更不容易。本书选取了在华文测试领域的20余篇文章，旨在展示华文测试领域的研究现状，对研究现状的总结是为了为以后的研究打好基础，希望本书对于测试的开发者、使用者和一线的华文教师都有所助益。

第一章

华文测试的一般理论

第一节　基本原理

一　研制基础①

（一）引言

随着改革开放后对外汉语教学的迅速发展，HSK 于“1984 年由北京语言学院（今北京语言大学）开始研制，1990 年通过专家鉴定，1991 年推向海外，1992 年国家教委第 21 号令确定其为国家级考试。现在，HSK 已经形成了一个包括 HSK（基础）、HSK（初、中等）和 HSK（高等），水平由低到高的，完整的考试系统。截止到 2005 年 12 月，累计共有来自 120 多个国家的约 100 万人次（含国内少数民族考生）参加了考试”②。近年来，HSK 一类的考试又增加了 MHK（民族汉考）、HSK 入门级、C. TEST（所谓“汉语托业”，注重应用能力）、BCT（商务汉语考试）。2007 年 HSK 又推出了改进版。另外，旅游、少儿等汉语水平考试也在研制中。除了中国大陆以 HSK 为龙头的多种考试之外，汉语作为第二语言的水平测试目前主要还有日本的中国语检定，美

① 本部分选自王汉卫《论“华语测试”的三个基石》，《暨南大学华文学院学报》2009 年第 1 期。

② 参见 http://www.hsk.org.cn/Centre_intro.aspx。

国的 SAT－Ⅱ中文测验、AP 中文测验，以及台湾地区推出的华语文能力测验等。

总括起来看，当前以汉语作为第二语言测试的发展轨迹有三条，但大方向可以归结为两个：条状发展和块状发展。

1.条状发展。

一是考试层次的完善，从最初的初中等，到高等再到基础级、入门级。二是考试种类的增加。从针对一般人群的“普通”型考试，到针对不同人群的“特殊”型考试，如更加注重“实用”的 C. TEST，以及已经和将要陆续推出的商务、旅游、少儿汉语考试等，都属于此类。以上两个发展归并为一个，即以 HSK 为核心的完善和拓展。形象地说，这种发展轨迹可以表述为“条状发展”——把“母语非汉语者”按汉语程度、目的用途等分条，不管怎么分，每一条都面向世界各国的“母语非汉语者”。

2.块状发展。

按照汉语水平考试中心的界定，HSK“是专为母语非汉语者设计的标准化语言考试”。所谓“母语非汉语者”，包括外国人、华侨和中国少数民族考生。[①] 这里也隐含了一种分割，但这种分割跟上面的条状分割完全不同，是块状分割。“外国人、华侨和中国少数民族考生”的外延界定预示了 HSK 一类考试应有的另一个发展方向——块状发展。

MHK 就是块状发展的结果。“民族汉考（MHK）是为专门测试母语非汉语的少数民族汉语学习者的汉语水平而设置的国家级标准化考试”。在少数民族考生参加了数年（1996 年起）的

---

① 刘英林《中国汉语水平考试十年》（一），《汉语学习》1996 年第 4 期。

HSK之后，发现“存在着一些与少数民族汉语教学不相适应的方面”[①]，由此教育部于2001年组织力量研究开发了适用于中国少数民族的“中国少数民族汉语水平等级考试”（MHK），2004年投入使用。

令人遗憾的是“块状发展”的速度。尽管早在1995年，陈宏的研究就表明“有中国背景”的考生团体与HSK考生总体在同质程度上“存在显著差异”，属于“常模误用”，并建议“开发专为有中国背景的考生团体而设的HSK”，[②]但10多年过去了，“条状发展”的势头强劲，而“块状发展”则十分缓慢，MHK之后，块状发展呈现出停滞状态。

陈宏所指“有中国背景”是以新加坡为例对海外华人华语的一个观察。承接陈宏的研究，本部分将从海外华人的总量、分布及构成，华语状况，汉字及汉文化情结，开发华语测试的意义等几个方面探讨华语测试——面向海外华裔的汉语测试——作为一种国家级语言测试的必要性。

（二）海外华人人口基石

当今世界上到底有多少海外华人，很难得到准确数据，例如互联网上就有多种版本的资料，多数资料的原始数据来源并不足够新，时间也不够整齐，尽管如此，也反映出了一个大概，其参考价值是毋庸置疑的。表1-1的数据整理自郭熙主编《华文教

---

① 张凤麟《中国少数民族汉语水平等级考试（MHK）简介》，《延边教育学院学报》2004年第5期。

② 陈宏《关于考生团体异质程度对HSK（初中等）信度的影响》，北京语言学院汉语水平考试中心《汉语水平考试研究论文选》，现代出版社，1995年。

学概论》[1]的附录一:海外华人华侨分布。

表 1－1　世界华裔人口构成

洲别	华裔人口	占海外华裔总人口比例
亚洲	27 845 985	75.58%
美洲	6 199 826	16.83%
欧洲	1 963 510	5.33%
澳洲	727.733	1.98%
非洲	103.531	0.28%
总计	36 840 585	100%

上面的数据首先不能忽视的是 3 600 多万的人口总量,面对这样一个庞大的人群,推出华语测试是有基础的。

其次是洲别分布和来源构成,这些具体因素将对华语测试产生重要影响。海外华人主要分布在亚洲,所谓亚洲主要又是东南亚。在全球华人分布最广的国家中,东南亚地区有 9 个国家排在前 20 名以内,单这 9 个国家的华人总量就达到2 700万。高居榜首的 3 个国家分别是印尼(7 261 984)、泰国(7 254 261)、马来西亚(6 114 900)。

尽管亚洲华裔占海外华裔绝对多数的基本情况很难改变,但近年来不断更新的数据也表明了欧美新移民数量的迅猛增长,[2]在有些国家,例如新西兰,新移民甚至占到了华人总数的60%以上。表 1－2 的一组数据很好地说明了这一点,这是值得注意的新情况。

---

① 郭熙主编《华文教学概论》,商务印书馆,2007 年。

② 李明欢《当代欧洲华人人口构成剖析》,郝时远主编《海外华人研究论文集》,中国华侨出版社,2003 年。

表 1-2　近年来各大洲华裔人口的构成变化

来源	时间	亚洲	美洲	欧洲	澳洲	非洲	总计
中国大地网	2002	86.4%	10.9%	0.6%	1.7%	0.4%	100%
李明欢	2003	77.0%	15.0%	6.0%	1.6%	0.4%	100%
郭熙	2007	75.58%	16.83%	5.33%	1.98%	0.28%	100%

目前新移民的数量还远不如老移民多，但是新移民现有总量已经相当庞大，并且新移民还是一个数量不断增长，影响不断扩大的群体。立足于现实，新老移民都是汉语测试不可偏废的出发点；着眼于未来，新移民更需格外关注，他们及他们的后代将对汉语测试产生更加强烈的影响。将海外华人，特别是新移民及他们的后代混同于一般意义上的外国人，施以同样的测试无疑是很不科学的。

总之，海外华裔巨大的人口总量及新移民的初具规模和不断扩大是华语测试自立门户的第一个基石。

(三)华语状况基石

第一语言/母语、第二语言/外语，这是两对交叉的概念。第一语言可能是母语，也可能不是，同样，第二语言可能是外语，也可能不是，这两对概念事实上不能分析得那么绝对、那么清楚。例如中国境内有些少数民族以汉语为第二语言，但这个"第二语言"就不能跟西方人眼里的汉语画等号。同样的道理，华语(汉语)在海外华人世界的定位也绝不等于在非华人世界的定位。

当前国内外以汉语作为第二语言的测试都暗含着这样两个基本定位：第一，汉语是第二语言。第二，受试是正规汉语学习者，主要是学生。我们认为这两条定位基本不适合海外华人社会。下面做一些说明。

华人大规模移居海外是从19世纪中叶开始的，直到20世纪中叶，华文教育基本保持在母语教育的水平上。20世纪中叶起的三四十年是华文教育的低潮期，不少国家对华文教育进行了严苛的限制，甚至完全禁绝，这些是比较为大家所关注的。特别是大批来华留学的华裔子弟更加深了汉语已经在海外变成第二语言的印象。但从语言测试的角度看，三种情况不能不考虑：

一是像马来西亚、新加坡的华人社会，华文保持着相当的水准。

二是哪怕像印尼这样的华文"断层"32年的国家，打个比方，骨头断了，筋还连着，甚至骨头也并未完全断掉。"苏门答腊岛、加里曼丹岛等外岛例外，几乎所有的孩子都可以讲一种汉语方言，或闽南话，或潮州话，或客家话。在这些地方，华语在过去几十年中并没有中断。"①即使是在爪哇岛，华文教育虽然遭受了重创，但并未完全断绝，地下的华教一直保持着。调查显示，"在印尼尚未对学习汉语解禁之前，有不少家长冒着被抓去监禁的巨大风险，悄悄地为子女补习中文，这样的情况占72%"②。据我们的亲身感受，2000年前后，印尼华文教育刚刚解禁，老一代华文教师最担心的就是师资青黄不接，但短短几年过去，这个话题已经少有人提及，因为有大量的中青年师资已经接班上任了。由此也可见当初对印尼华文现状和未来的估计过于消极。

① 宗世海、李静《印尼华文教育的现状、问题及对策》，《暨南大学华文学院学报》2004年第3期。

② 王爱平《东南亚华裔学生的文化认同与汉语学习动机》，《华侨大学学报》(哲社版)2000年第3期。

根据对近年来华留学生数据的追踪统计，华人最多的印尼生源呈现出下降趋势。从表1-3可以看到，印尼这个当年来华留学第4多的生源大国已经退出了前5，但这并不意味着学习汉语的人数少了，而是更多的人采取了在印尼本土学习汉语的方式，这跟新加坡、马来西亚不见于榜首是一样的，正说明印尼华人社会有这样的华语基础、华语环境。相反，越南、泰国这两个几年前排名都不在前10的国家逐渐上升到第4和第5，也说明了华语在当地的迅速发展。也许不久的将来，泰国等国家的汉语/华语学习也将会继印尼之后，呈现出当地化的趋势。上面的情况正是华语作为海外华人社会"非典型第二语言"的一种表现。

表1-3 1999—2007年来华留学前10位的国家排序

年份	排名前10位的国家
1999	日本、韩国、美国、印尼、德国、法国、澳大利亚、俄罗斯、加拿大
2000	韩国、日本、美国、印尼、德国、法国、新加坡、俄罗斯、澳大利亚、泰国
2001	韩国、日本、美国、印尼、德国、越南、法国、俄罗斯、澳大利亚、泰国
2002	韩国、日本、美国、印尼、越南、泰国、俄罗斯、法国、德国、英国
2003	韩国、日本、美国、越南、印尼、泰国、德国、俄罗斯、尼泊尔、蒙古
2004	韩国、日本、美国、越南、印尼、泰国、俄罗斯、德国、法国、尼泊尔
2005	韩国、日本、美国、越南、印尼（相关资料未显示6—10位的国家）
2006	韩国、日本、美国、越南、印尼（相关资料未显示6—10位的国家）
2007	韩国、日本、美国、越南、泰国（相关资料未显示6—10位的国家）

注：本表数据整理自教育部官方网页。1999年只有前9位的国家排名统计。

三是华文文盲的问题。HSK及同类考试都把"语"（语言）和"文"（文字）绑定在一起，以正规的汉语学习者为对象。相比较于一般的汉语二语学习者，华文文盲是华人社会一个特有的问题。会华语而不会华文，会汉语方言而不会华语华文的情况普遍存在。印尼华人中拥有世界最大的华文文盲大军（郭熙，2007）。笔者在印尼、泰国也亲身感受到了这一点，多次遇到可以说一口流利华语的华裔青年，但他们并不认识汉字。

综上所述，华语不同于一般意义上的第二语言，由此，华语测试也不是一般意义上的第二语言测试。华语测试不能仅仅以"学生"为出发点，而要以整个华人社会为出发点，重新考虑语言能力、信效度、试卷构成等一系列问题。例如华语听力和口语的测试就应该跟阅读能力彻底分开，以适应大量华语者听说跟读写能力极度不平衡的社会现实。

（四）汉字及汉文化基石

"汉字文化圈"这个概念不只是对历史上中华文化强大影响的回忆。如果把汉字大家庭的兴衰跟汉民族的历史结合起来看，会有另一番认识，这个认识会进一步影响到我们在华语测试中的汉字思考。

据周有光（2003）所述，汉字的传播路线有三条："一条向南和西南，传播到广西壮族和越南京族，较晚又传播到四川、贵州、云南、湖南等省的少数民族（苗、瑶、布依、侗、白、哈尼、水、傈僳）。一条向东，传播到朝鲜和日本。一条向北和西北，传播到宋代的契丹、女真和西夏。"①

其中，喃字（仿照汉字创制的越南文字）在越南只有几个短暂的时期为正式文字，并且跟汉字并行，在其余 1 000 多年的历史时期内，汉字一直是越南的正式文字，但自法国 1884 年占领

---

① 周有光《世界文字发展史》，上海教育出版社，2003 年。

越南后推行拉丁文，1945 年越南独立后仍以拉丁文作为法定文字，汉字和喃字都被彻底排除。宋朝时期北方和西北的辽、金、西夏都曾仿汉字而自造文字，即契丹文、女真文、西夏文。它们的共同特点是借鉴汉字，但同时又刻意不跟汉字一样。更值得思考的是汉字在朝鲜半岛的兴衰。早在汉末，汉字就传入朝鲜。“朝鲜人读汉字文言文《四书》《五经》，开科取士，同中国一样。朝鲜的人名地名都是仿照中国用汉字写定的。”“由于学习汉字长达一千七八百年，吸收了大量汉语借词(汉字词)，占现代词汇的 2/3 以上。”(周有光，2003)然而这样一段深厚的历史，在近代民族主义意识高涨的历史背景下，先是李朝(1392—1910)时期创制了谚文，后是朝鲜在 1948 年废除汉字，全用谚文，韩国混用汉字和谚文，但汉字的使用量大幅减少。

如果把汉字在东亚的发展史跟海外华族对汉字的执着加以对比，就可以清楚地看到海外华族对汉字的执着，这是非华族所不能比拟的。华人大批定居南洋已经有几百年的历史，然而迄今汉字仍和中国大陆保持完全一致。虽然个别时候、个别地区曾有少量不同于中国大陆的汉字，但也最终回归到汉字一体化的道路上来。以新加坡为例，该国“1969 年公布第一批简体字 502 个，除了 67 个字(称为‘异体简化字’)以外，均与中国公布的简化字相同。1974 年，又公布《简体字总表》，收简体字2 248 个，包括了中国公布的所有简化字，以及 10 个中国尚未简化的，如‘要’‘窗’。1976 年 5 月，颁布《简体字总表》修订本，删除这 10 个简化字和异体简体字，从而与中国的《简化字总表》完全一致”。而马来西亚则于“1972 年成立‘马来西亚简化汉字委员会’，1981 年出版《简化汉字总表》与中国的《简化字总表》完全一致”[①]。一个特别有趣的现象是，历史上在汉族以外受汉族影响的民族中出现过很多“汉字”的衍生概念，如“喃字、壮字、苗字、瑶字、布依字、哈尼字、契丹字、女真字、西夏字、谚文、假名”等，而在海外华族（汉族）的聚居区尽管出现了一系列“华”字头的词，如“华人、华族、华社、华商、华乐、华教、华小、华中、华语、华文”[②]，但迄今为止还没有“华字”这个概念。这也从一个侧面证明了海外华裔对汉字的执着。

从上面的回顾可以清楚地看到，语言之外的，政治的、情感的因素，在文字的选择和使用上存在着多么巨大的影响。汉字在南洋、在海外历经几百年的发展仍跟大陆几乎完全相同，只可用“汉字情结”四个字来概括。

汉字情结还可以通过下面的一份资料加以佐证。《中国语言生活状况报告(2005)》(商务印书馆，2006)记录了海外华文报刊名录及数量，根据我们的整理，中国之外，另有46个国家有华文传媒，传媒包括日报、周报、双周报、三周报、月报、双月报、华语电台、电视台等。其中，有两家以上华文报刊的国家有33个，有5家以上华文报刊的国家有17个，有10家以上华文报刊的国家有9个。从华文报纸、期刊直到电视台俱全的国家有9个。另外还有新加坡、印度尼西亚、马来西亚、美国、加拿大、澳大利亚、意大利、奥地利等13个国家的华人建立了华文网站。

以上情况表明，不管是过去现在乃至将来，汉字在海外华人社会的存在都不同于非华人社会，是测试特别值得关注的一个

---

① 范永红《繁简体汉字没有必要并存》，中国侨网，2006年4月14日。

② “华文”指书面语言，并非专指文字。

方面。而以 HSK 为代表的测试都对汉字的书写要求不高，相比较而言，这种测试显然更适合欧美人。开发对促进汉字读写能力有强力反拨作用的测试，是华文测试的特征和使命。

语言是文化的载体，又是文化的一部分，语言和文化息息相关。文化是语言测试的一个或隐或显的内容，也是语言测试需要考虑的一个背景因素。中华文化传统在海外，特别是在东南亚一带得到了较好的保持甚至发展。例如春节、元宵节、清明节、端午节、中秋节、重阳节等都完好地在东南亚华人社会中保持着。苏哈托时代的印尼华人甚至不惜花钱买通地方官僚，也要在春节时举行舞龙舞狮等庆祝活动。另外如饮食服饰、中医中药、伦理纲常、亲戚称谓、社交礼仪等，无一不体现着海外华人的母文化情结。

文化也是一个敏感的字眼。正因为如此，一直以来，我国在汉语作为第二语言的测试上表现的文化态度可说是相当谨慎低调，试题多选用日常生活或者科普类文章，淡化文化的倾向相当明显。这种做法对非华裔是否恰当还可以讨论，对华裔则无疑有欠考虑。华人保持、弘扬、彰显自己的文化符合世界文化多样性原则，是任何文明政府所允许乃至提倡的。更好地把语言和文化融合起来，使语言测试在内容上有更多的文化性是华语测试的目标，是对海外华人母文化情结应有的回应，也是主张华语测试的重要原因。

（五）开发华语测试的意义

1.对汉语测试的意义。

第一语言与第二语言是当前汉语作为第二语言测试考虑到的一对特征，在这个概念下，HSK 把所有汉语非母语者都纳入进来。但这种认识并不全面，尤其跟华人社会的语言状况不相适应，有些华人可能适合参加 HSK 测试，有些华人可能适合参加以汉语为母语的测试，这是两个极端状态，而中间状态的华人则适合参加华语测试——一种非典型的汉语第二语言测试。

当前以汉语为测试内容的测试可以按受测分为三大类：以汉语为母语的中国汉族人群；以汉语为第二语言的中国少数民族人群；以汉语为第二语言的外国人群。MHK 是从 HSK 中分化出来的，华语测试则是进一步细化的结果，不管从语言、种族、文化哪一个方面，或者说综合考虑这三个方面，这一步都是应该走出的一步。这一步的迈出对完善“大华语”的测试系列有着重大的意义。当前学术界已经提出了“大华语”的概念，这个概念是以全球眼光来审视汉语（华语）的结果。如果从这个概念出发，大华语的考试系列可以表述为下图：

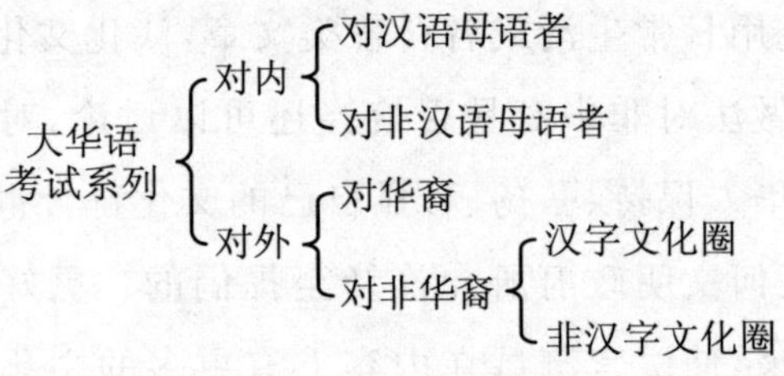

图 1－1　大华语考试系列

另外，HSK 当前的状态跟整个汉语教学的格局息息相关，一如 HSK，教材、教学、测试等整个汉语教学体系中，海外华人都被等同于一般意义上的外国人。因此，华语测试的意义将不限于测试，对对外汉语教学和海外汉语教学的整体格局和理念也将产生强烈影响。

2.对华裔族群的意义。

华语测试将按照海外华裔的特点施测。这些特点影响到测试,将会使华语测试产生一些不同于HSK一类测试的面貌。例如,考虑到华语语音的基本面貌,华语测试将不会把例如轻声、儿化作为测试内容。考虑到文化的同根性,华语测试将会注入更多的文化内涵,这些文化应该既是中国的,又是世界的;既有利于保持华人的优秀传统,又为所在国原住民族所乐于接受。考虑到华文文盲的大量存在,华语测试将不把听、说跟读、写绑定在一起,不在听、说测试中对读、写提出事实上的要求。同时,考虑到汉字在文化的传承、身份的认同等方面的重要性,阅读测试又必须体现出比HSK更加重视汉字要素的特色。

总之,华语测试将一方面立足于现实,立足于华裔的特点;一方面着眼于未来,着眼于华语、华裔的发展。这样一个测试,微观来看将对华语教学和华语传承产生积极的作用,宏观来说将对海外华裔的族群凝聚和发展产生积极作用。

(六)结语

陈宏(1995)以新加坡考生为观察对象将“中国背景”定义为考生的母语或其双语之一即为汉语或汉语的某种方言,并得出了有“中国背景”的受试参加HSK属于“常模误用”的结论。显然,具有这个背景的考生不限于新加坡,而是整个海外华人社会。尽管不排除“香蕉人”的存在,但“中国背景”正是整个海外华人群体跟一般外国人比较起来的基本特征。

无论过去、现在,还是将来,华人都不同于一般意义上的外国人,这是无法回避也无须回避的事实。特别是着眼于将来,“中国背景”将成为越来越显著的特征,因为世界范围内的汉语热已经使华语在海外华人社会迅速复苏，也因为新移民正在影响着海外华人的构成。

华语测试，是继 HSK、MHK 之后，汉语作为第二语言测试系列的一个新发展，它的价值除了测试本身，还在于积极地追求后效——不同于其他测试的后效。这既是华语测试开发的一个动因，也是华语测试所要追求实现的一个目标。

二 形式和作用[①]

有效的语文教学，有三个互为相关的重要因素，那就是老师、学生与教材。这三个因素是循环的，互相影响的。但是除了这三个因素之外，还有一个近年来逐渐受到重视的因素，那就是测试，它成为语文教学中一个重要的环节。有了语文测试，我们可以更清楚地了解学生对语文的掌握能力。从测试所提供的数据，我们可以知道学生在学习语文的过程中所面临的困难。学生对语文某一方面的理解或应用是否掌握得不够好，需要设法加强，需要设法补救。图 1－2 说明测试和语文教学的关系。本文的目的是探讨语文测试的各种方式和它的作用，进而把各种语文测试方式纳入布伦的认知范畴里。[②] 这样可以帮我们更清楚地看出一份试卷里各项测试题到底测试了些什么；也可以让我们更清楚地知道，测试数据所提供给我们的是关于学生哪一方面的语文知识或语文能力。

---

① 本部分节选自梁荣基《从认知层次看语文测试的形式和作用》，《新加坡华文教学论文集》，北京语言学院出版社，1994 年。

② 布伦（Bloom，1956）把教育的认知范畴分为六个层次：知识、理解、应用、分析、综合、评估。

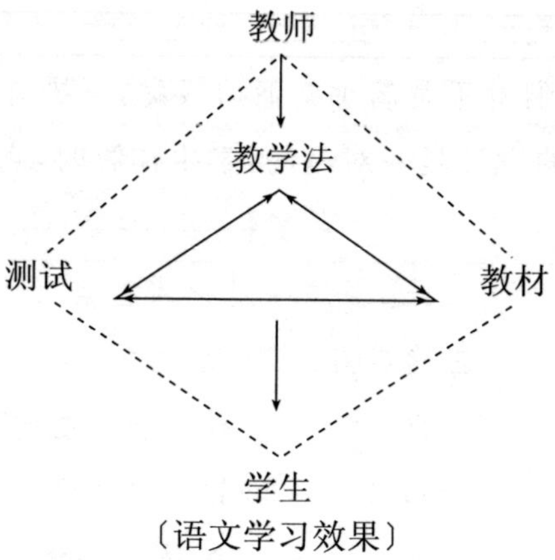

图 1-2　测试和语文教学的关系

（一）选择题的测试方式

语文测试，从形式上看来，不外是论文式和选择式两种。我们先谈谈选择题的测试方式。选择题较常用的有两种方式。一是一个题目包含 3—5 个选择，其中一个是正确答案。如：

题目：在处理事情时，他总是投鼠忌器，生怕得罪同事，破坏了多年的关系。

1. 胆小怕事　　2. 不敢彻底
3. 有所顾忌　　4. 投人所好

另一种方式是把几个供选择的答案放在一起，然后设几个题目，让学生选出正确答案。如：

(A)想入非非　　(B)似是而非
(C)非分之想　　(D)口是心非

1. 这话听来________，好像对，其实不对。
2. 他这个人说话总是________，千万不要相信他的话。
3. 他的行为，似乎不大正常，看起来使人觉得总是___

______的样子。

4. 我们对不是属于我们的钱财，不要有________。

这个题目的设计是一对一的，学生作答时，它可能得到下面的结果。

选择题一对一的答案

问题	正确答案	
1	B	(B是第1题的正确答案)
2	D	(D是第2题的正确答案)
3	A	(A是第3题的正确答案)
4	C	(C是第4题的正确答案)

选错一题的可能结果

1 → D

2

3

4

选错两题的结果有三个可能性

例一： 1 → A

2 → C

3 * 这种情形是答错两题，等于全部答错

4 *

例二： 1 → B 这种情形，可能第3、4题都对或者全部答错

2 → D

3 *

4 *

例三：1 → D 这种情形，第 3 题可能对也可能错，但是第 4 题肯定是错的

2 → C

3 *

4 *

以上所讨论的是反面的情况，那就是学生在选择答案时，选错一个、两个或三个题目的结果。现在让我们从正面来看看，学生选择答案时，选对一个、两个或三个答案的结果。

选对一题的结果

1 → B 其他三题可能对也可能错

选对两题的结果

1 → B

2 → D 其他两题答对或答错，会出现两种情况：即两题都对，或两题都错。因为答对第 3 题，第 4 题就必然是对的；答错第 3 题，第 4 题也就必然是错的

选对三题的结果

1 → B

2 → D （见上面第一种情况）

3 → A

4 *

（二）语文测试的方式与作用

语文测试一般可以归纳为选择性、辨误性、重组性、完成性、综合性、翻译性、记忆性和表达性等几种方式。上述分法是概括

性的。有人认为辨误性也可以归纳到选择性这一类去，那是比较广义的分法。这里把辨误性和选择性分开来，是以前者代表多项性选择，而后者是属于是与非的题目或改正错字或错误句子一类的题目。在诊断式的测试中，这类型的题目能起作用。

表 1－4

方式	作用
1. 选择性 a. 选词填充 · 一个题目，有一个画线的词语，提供多个词语，让学生选出一个正确的词语解释画线部分。	主要考查学生对字词或成语的理解能力。这里可能牵涉到一些对词语的运用能力，不过这不是这类测试的重点，重点在理解。
· 提供一组词语，让学生选出最恰当的词语填入一段文章的空白处，或填入几个独立的句子的空白处。(注意：所提供的词语的数量，应该超过填入空白的数量，最好是三分之二以上。)	作用同上。
b. 选择答案 · 在一个题目中，有多项选择。让学生选出一个正确的答案。常见的有两个方式：一是题目本身是一个独立的句子，然后附有多项选择；一是一篇文章设计多个题目，每个题目有多项选择。	测试学生对词语和篇章的理解。
2. 辨误性 广义地说，辨误性的题目也可以归纳到选择性的一类去，不过这里把它划分出来。以区别于多项的选择。包括下面几种方式：	
a. 是非题	辨别正误，如词义、读音和字形等。
b. 改正错字	测试学生对字形和字义是否有正确的认识。 以上两种测试方式属于知识和理解的层次。

（续表）

方式	作用
c.搭配题	词的搭配或者是语法结构的搭配。测试的重点在理解和应用，不过重点在理解。
d.修改病句	测试学生在词语或语法结构的认识。认知层次在理解和应用。
3.重组性 a.字词重组　字词→句子	测试学生对字词和句法的认识。认知层次虽然有应用的成分，不过还是以理解为中心。
b.句子重组　句子→段落	测试学生对句子和段落之间的关系的认识。重点在理解。
c.段落重组　段落→篇章	测试学生对段落与篇章的关系的认识。重点在理解。
4.完成性 a.完成前半段的句子 b.完成后半段的句子 c.完成中间一段句子	这三种测试，虽然方式不同，不过作用是一样的。主要测试学生对句子结构的认识和造句能力。认知层次在应用。
d.填充（不提供字词）	测试学生对字词的理解和应用能力。
e.完成段落（提供一个段落的一两个句子，让学生完成这个段落，形式的变化，可以跟上述a、b、c相同）	测试学生对段落结构的掌握能力。可以作为写文章的初步训练。认知层次在应用。
f.完形填充 选出一篇文章，相隔固定的字数抽出一个字或词，让学生填写进去。	测试学生对篇章的理解和字词的运用能力。认知层次是理解和应用并重。
5.综合性 a.长文缩短	测试阅读理解能力，并能用简练的文字把要点综合起来。认知层次以应用、分析、综合为重。

（续表）

方式	作用
b.摘要	测试学生是否能把一篇文章或一本书的要点摘录下来。重点在分析。不像长文缩短，综合是比较次要的。
6.翻译性 a.不同语文的翻译 （中翻英或英翻中）	测试学生是否能把另一种文字用目的语表达出来。
b.方言译成白话或白话译成方言	测试学生的理解以及白话或文言文的表达能力。
7.记忆性 a.听写 ·字词 ·一个段落或一篇短文	字形的掌握。 字形、句型的掌握。认知层次以知识为主。
b.背诵：段落或一篇文章或一首诗歌	用以训练学生掌握优美的词句。隐含应用的认知层次。
8.表达性 a.作文 ·命题作文 ·看图作文 ·提供纲要作文 ·提供词语作文 ·提供段落作文（提供第一段落或第一段落的一部分）	测试学生书面语表达能力。命题作文是较常用的一种作文测试方式。 看图作文较适合用于低年级。看图作文和提供纲要作文都是在一定的范围内发挥。这两种方式测试学生的语文使用能力大于思维的组织能力。 测试学生思维组织能力。针对词汇贫乏的学生而设计。主要认知层次在应用。 以刺激思考作为开端。认知层次的重点在应用。
b.长文缩短	测试学生的理解、综合能力，以及使用精练的语文。（参阅5中a）
c.问答题	测试学生的理解、应用以及分析、综合能力。

(三) 结论

上面把语文测试的方式分别列出来,纳入认知的层次来讨论,主要是使语文测试更加客观,更加有系统,使语文老师或处理考试者,对考试所得出来的数据,以及它所代表的含义,有更清楚的认识。

在整理或分析考试的结果时,知道各组题目测试学生哪一方面的语文能力,和哪一个层次。同时对试卷上各组的题目有一个宏观的概念。所测试的各个层面的分布是否合理,都可以得到进一步的认识。

对出题的人来说,这样的分析,可以提供给他一些有用的参考资料,诸如:各组试题的方式是否有所偏差,测试学生语文能力的层次是否恰当,哪一种类型的题目需要增加、哪一种类型的题目可以删除,等等。只要把一份考卷各组的测题纳入分析表上,就可以得到一个更全面的概念。

现在让我们看看中四华文会考①的考卷。考卷一是作文和应用文。考卷二是阅读理解和一些词语的应用。以阅读理解为重点的考卷二,选择性的考题所占的比重是相当高的。在这一份考卷里面,选择性题目所占的分数比重是 54%,题目数量在 38 题中占了 27 题(表 1-5)。②

要是我们能进一步地把考试以后得到的题目分析结果,跟认知层次连接起来,我想我们对语文测试的各个项目将会有更深一层的了解;对测试的分析,将会更全面、更周详(图 1-3)。

---

① 新加坡的中学学制是四二制,即初中四年,高中两年。

② 这是根据中四会考的测试题模式来分析的,一般学校中四毕业的年终考试也根据这个模式。

表 1－5 语文测试分析

测验

语文能力

听

说

读

写

项目	题数	比重	类分	知识	理解	应用	分析	综合	评估	
(听)说*		15%	表达性	→	→	→	←	←		口试
填写正确的字	3	3%	选择性	→	→					试卷二
	3	3%	完成性	→	→	→				试卷二
词义测验	6	6%	选择性	→	→	←				试卷二
选择适当虚词	5	5%	选择性	→	→	←				试卷二
选词填充	5	5%	选择性	→	→	→				试卷二
完成句子	4	8%	完成性	→	→					试卷二
理解测验	8	8%	选择性	→	→	→				试卷二
理解问答	4	12%	表达性	→	→	→	←	←		试卷二
应用文	1(3)	15%	表达性	→	→	→				试卷一
作　文	1(5)	20%	表达性	→	→	→	←	←		试卷一

* 目前说话的考试是学生先默读一篇文章然后回答有关问题，所以严格说是读说的成分大于听说。

我们的目的是，希望通过语文能力、认知层次以及测试题分析几个层面来看语文测试的设计和要求，以提高语文测试的效果。

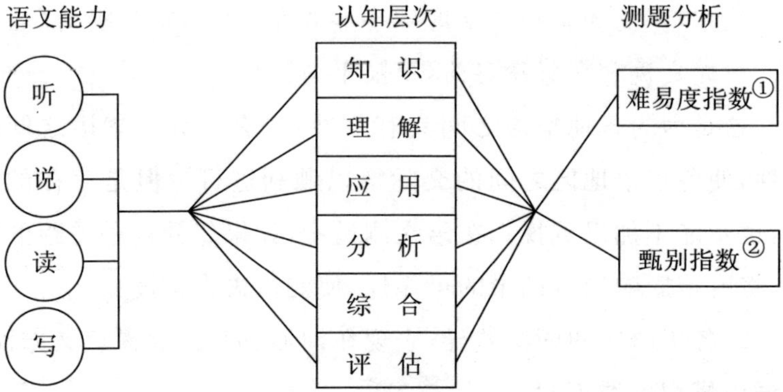

图 1－3　语文测试的三面关系

三　华文测试中相关的语文问题[3]

（一）语言的区域变体与语文测试

1.语言有各种社会变体和区域变体。

在讨论华文的测试方面，语言的区域变体特别值得我们注意。所以，这里我们只讨论华语之间的地域变体问题。

华语区之间用华语交际，基本上没有什么问题，但不能避免地，有时也存在不能沟通的现象。我曾说：

---

① 难易度指数（Facility Index）是指高分组和低分组答对某一项测试题的百分比。

② 甄别指数（Discrimination Index）是指高分组和低分组答对某一项测试题的比率。

③ 本部分节选自周清海《语文测试里的语文问题》，新加坡华文研究会编《新加坡华文教学论文二集》，新加坡泛太平洋出版私人有限公司，2001 年。

“同多于异”是从词语的总体说的，但是如果把词语出现的频率和用法考虑进去，从交际的、交流的角度来看问题，那么有差异的词语在华语习得者和普通话习得者的交流中，可能和曾经产生的障碍和误解，是不能忽视的（当然引起交流和理解障碍的，不限于词汇）。①

这是因为各地华语之间具有共性，也有差异。华语之间的共性，使各华语地区之间的交际得以顺利进行。但是存在的差异，也不能不加以重视。在语文测试中，如果忽视这种差距的存在，将直接影响测试结果的可靠性，使测试失去信度。

2.各华语区的词汇差异，表现在词形、词义、语素意义方面，或词语搭配习惯不同。

例如，某官员在政府机构人事调整的记者招待会上说：“遗留下来的位置，由某人代替。”这个句子里的“遗留”，按照《现代汉语词典》的定义是：“（以前的事物或现象）继续存在；（过去）留下来：遗留的痕迹。”政府机构职位的空缺，并不是因为某人“过去了”，而是因为他高升了，或另调别职。他所留下的职位，由另外一个人担任。如果以《现代汉语词典》的定义，那位官员就是用错了词。

某招商团说：“我省旅馆的开房率高达百分之九十。”《现代汉语词典》没有“开房”这个词，中国香港、新加坡的“开房”是指“男女为了幽会而租用房间”。要表达上面的意思，中国香港、新加坡都用“住客率”。

“隐私”，《现代汉语词典》的定义是“不愿告人的或不愿公开

---

①　周清海、萧国政《新加坡华语词的词形、词义和语用选择》，《中国语文》1999年第4期。

的个人的事”,北京外国语学院编的《汉英词典》说:“one's secrets; private matters one wants to hide.”如果用在这样的话里:“我所做的牺牲是失去了个人的隐私。”就有令人不放心的地方。因为按照词典的释义,词义里含有“不愿告人”“想隐藏”的意思。中国香港、中国台湾以及新加坡在用“隐私”这个词时,只是相等于英文的 privacy,完全没有贬义。

香港受过高等教育的同人口中常说、笔下常写的许多词语,也和现代汉语的用法不同,如“知”“翻书”“讲粗口”。“知”:“四十岁以下的人很少知有此词。”一般都用“知道”。香港的朋友倾向于用“知”,是因为广东话“知”是一个词,“往事知多少”,是文言的用法。“翻书”:“以上诸例,只是从各本词典随意翻书所见。”“翻书”意思是“翻查”。“讲粗口”:“估计香港百分之十的人口在日常生活中或多或少讲粗口。”用“讲”而不用“说”,用“粗口”而不用“粗话”。

郑定欧(1998)系统地统计了香港《苹果日报》不同版面粤语语汇的分布情况的百分比:副刊潮流版 95.5%,娱乐版 90.1%,地产版 81.8%,副刊专栏 70.8%,香港新闻 52.6%,儿童版 42.1%;社会版 40.9%,财经版 26.1%,体育版 26.0%,两岸新闻 12.7%,国际新闻 8.5%。他说:“香港普通话教学内容不能人为地跟社会语言运用的现实割裂开来。”①

中国大陆有“工程”,如“菜篮子工程”“希望工程”,中国香港

① 郑定欧《以词汇主体的测试机制:原则与实践》,《普通话(国语)教学国际研讨会论文集》,澳门理工学院,1998 年。

有“同志”“大闸蟹”，新加坡有“三字经”“路霸”“客工”“乐龄”，[①]等等，都是词汇的区域性变体。词汇的区域性变体，有时会妨碍交际，但在各社区里却是非用不可的。香港的朋友用了“宣教士”，说：“除了护士、社工和宣教士外，中年女性被人称呼为‘姑娘’，偶然有人会觉得敏感，其中或隐含‘老处女’‘嫁不出’或‘梳起不嫁’之意。”（其实，“姑娘”还有“妓女”的含义。）除了“姑娘”在语境中把意思说出来之外，我就不了解“宣教士”所指何物，是什么意思。

语素方面，各华语地区也是有差距的。“霸”，《现代汉语词典》说：“强横无理、依仗权势压迫人民的人：恶霸。”在这个意义上出现了“路霸”“空霸”“屋霸”“学霸”等。但中国香港的“波霸”的“霸”是指同类中最大者，新加坡出现“饼霸”一词，类推可以出“瓜霸”“果霸”之类。《现代汉语词典》没有“霸”的这个语素意义。“界”，《现代汉语词典》给“界”下的定义是：“职业、工作或性别等相同的一些社会成员的总体：文艺界、科学界、妇女界。”《汉语水平等级标准与语法等级大纲》（高等教育出版社，1996。以下简称《大纲》）收作黏着语素，包括在丁级语法大纲里。其他华语地区除了用“界”之外，还有“圈”，如“政治圈”“教育圈”“文化圈”等，《现代汉语词典》就没有这个意义的“圈”。

量词应用的差距，就是更常见的。例如“这一笔土地”“一柄伞”“赛了两盘球”“十匹狼”“一大票流氓”“一只大象”[②]等，就不

---

① 关于新加坡的特有词汇和新加坡词语的选用特点，可参考汪惠迪《时代新加坡特有词语词典》（新加坡联邦出版社，1999），以及周清海、萧国政（1999）。

② 请参看《国语日报量词词典》，台湾中研院词库小组、台湾国语日报出版中心编辑出版，1997年。

是普通话里常见的量词用法。

根据香港城市大学语言资讯科学研究中心开发的LIVAC1.0语料库电子资料库的语料，用了1996年12月至1997年1月30天中国港台、上海以及新加坡报章的语料，窗口内有关“车”的词语有353个。上海词语中香港人看不懂的，如“土方车”“巨龙车”“飞虎车”“起步车”“彩车”“挂车”“单机车”“黄鱼车”“压缩车”“定位车”等。上海和香港形义皆同的词各占38.19%（上海）、33.13%（香港）；相近可猜的词各占53.48%（上海）、47.59%（香港）。上海人对香港词的不懂率为8.33%；香港人对上海的不懂率为19.28%。[①] 这些因各区域交际的需要而产生的词汇是不容忽视的，尤其是那8.33%到19.28%的“不懂率”更值得我们重视。

3.至于各社区因需要而出现的不同词汇，就更多了。

田小琳(1997)把这些不同小区出现的词汇叫作“社区词”：

> 社区词……的内涵是指由于社会背景不同，社会制度，政治、经济、文化的背景不同，以及由于背景不同带来的人们心理因素的差异，而产生的适应本地社会区域的词语。
>
> 就一般词汇扩充词源来说，方言词反映的是词汇和地域的关系，文言词反映的是词汇和历史的关系，外来词反映的是词汇和外族语言的关系，而社区词反映的是词汇和不同社区的关系。这些都是非常有见地的论述。但是“社区词”的产生和造词方式与方言、文言以及外来概念都有

---

① 见邹嘉彦、冯良珍未发表论文《汉语(五地)与日语新概念词语对比研究——从新闻视窗看辞汇衍生与重整》。

关系。①

词汇的地域性变异,当然和不同区域的文化有关。李学铭(1997)认为:

如果有人用同一试题、同一标准、同一方式来测试不同地区人士或学生的读写能力,而没有考虑社会文化的不同,分析其中的别异,最后得出读写水平此高彼低或此低彼高的结论,这样的结论,说服力固然不足,也难免会受到语文教育学者的质疑。

香港理工大学中文及双语学系所设计的书面汉语水平考试,主要在测试学生的书面语表达能力。所谓书面语,指的是符合规范的书面现代汉语,但其中容纳了本港社会语文应用需要的考虑,即地区因素的考虑:这就包括了社会文化成分的考虑。②

在语文测试上注意社会文化的不同,对测试可能产生的影响,并在测试中考虑地区因素,是正确的做法。文化的差异,无论是政治的、经济的、社会的,反映在语言词汇的层面上,就是“社区词”。所以,语文测试注意容纳社区词是必需的。

4.除了词汇之外,各汉语地区在语法上也有差距。

《大纲》在“用肯定形式与否定形式相叠提问”项下收了12种句式,其中有:

(1)他的话你听得懂听不懂?

(2)今年的计划你们完得成完不成?

---

① 田小琳《香港中文教学和普通话教学论集》,人民教育出版社,1997年。

② 李学铭《读写能力测试与社会文化》,《中文教育论文集》(第4辑),香港大学课程系,1997年。

(3)屋子收拾得干净不干净？

这三种句式，各华语区都说，但也常用下面的句式：

(1A)他的话你听得懂不懂？

(2A)今年的计划你们完得成不成？

(1A)和(2A)都省略动词，只用补语肯定和否定的重叠形式来提问。

(3A)屋子收拾得干不干净？　(我们研不研究这个问题？)

除了普通话以外，其他华语区的双音形容词和双音动词，有“AB 不 AB”和“A 不 AB”两种重叠方式，而更常用“A 不 AB”的方式。陈建民(1984)认为：“原先，北京口语里是‘AB 不 AB’(如‘不管孔圣人愿意不愿意’——《老舍选集》，129 页)。近年来，‘A 不 AB’的格式已渗入北京口语了。”①我问过一些北京的朋友，他们都不认为北京口语有“A 不 AB”的格式。因为普通话没有省略第一个音节的形式，所以《大纲》里没有收这个句式。

《大纲》的口语格式里有“看/瞧把……得”的格式，如：

(1)你看把他们醉得。

(2)你看把这个老头乐得。

其他华语区恐怕很少这么说，都在“得”的后边，用上补语，至少也得用上“这样子”。上面的语法结构，如果依《大纲》的标准，其他说法都是不规范的。

各地区在语音方面，也有差距，如新加坡华语和中国台湾“国语”里 zhi、chi、shi 与 zi、ci、si 不分，轻声与非轻声不分、没有

---

①　陈建民《汉语口语》，北京出版社，1984 年。

儿化以及陈重瑜(1993)所提到的新加坡华语的“第五声”①等都是。当我们对各地区的华语做进一步的研究时,语音的差距当会更明显。

5.在面对规范的情况下,我们的语文测试,应怎么处理这些差距呢?

我想应注意以下四点:

(1)汉语水平测试应该注重华语里的共同性,减少区域性的特征,不管是北京普通话,中国台湾“国语”,中国香港或者新加坡华语里的特殊成分,都不应该作为汉语水平测试的项目。也就是说汉语水平测试,应以华语的共同核心为测试依据。陈瑞端、汤志祥以香港理工大学“中国大陆、台湾、香港汉语词库”的600万字语料为基础,分析考察当代汉语词汇的共同底层和两个区域之间的“地域差异”,说:“在覆盖面建到95%的13 026个词里,‘共同词语’的比例还是高居87%。它有力地显示出‘共同词语’在汉语交际中是最主要最重要的部分。”②汉语水平考试的词语,就应该在这个87%的范围里。

(2)正如李学铭(1997)所说的:“重视规范,可使语文测试有明确的取向,本来不是坏事,但严格规范,有时会泯没语文的情味和风格,而且又会窒凝了同地区人士心领神会的沟通,对国族标准的茁壮和发展固然不利,对语文测试的可信程度也会有影响。”所以在语文测试方面,各地区不能避免地要接受自己的常

① 陈重瑜《本地华语里声调的问题》,《华语研究论文集》,新加坡国立大学华语研究中心,1993年。

② 陈瑞端、汤志祥《九十年代汉语词汇地域分布的定量研究》,《语言文字应用》1999年第3期。

用词汇、语音特点以及语法句式，将这些包括在测试的范围之内。也就是说各地区的语文测试必须保留各自的语文特点。

(3)学者们提出“汉语共同语”的概念，这个“共同语”包括中国大陆的普通话，中国台湾的“国语”与新马一带的华语，而且提议将这个“共同语”称为“华语”，因为“华语”一词最为明确，涵盖面也最广，又超越地缘上的限制。① 其实也就是说，规范语不应该不考虑其他社区的语言特点。如果我们能建立“共同语”的概念，对于华语走向国际，是有好处的。例如粤方言和闽方言的比较句都有这样的结构“甲 + 形容词 + 过 + 乙”(“我大过你”)，袁家骅等(1989)认为这是普通话所没有的句式。② 陈建民(1984)认为：“北京口语里偶尔可以听到‘一浪高过一浪’的说法。”如果以普通话所没有而排斥这种结构，是不适当的。《大纲》的丁级语法大纲接受这种结构是正确的做法。因此汉语水平考试应考虑“汉语共同语”的问题。

(4)在进入21世纪的当儿，我们应该加强对自己地区华语的了解，进行本土语言的研究。如果我们编的词典，能将各地区不同的社区词收进来，编写语法书时，能收入各地不同的说法、句子结构。那么对于我们做好语言测试的工作，一定非常有帮助。要做到这样，我们得以更包容的态度看到规范问题。语言研究或语言测试，也应该放弃“中原”心态。这对共同语的发展，只有好处，没有坏处。

---

① 陈重瑜《华语与北京话》，《华语研究论文集》，新加坡国立大学华语研究中心，1993年。

② 袁家骅等《汉语方言概要》(第2版)，北京：文字改革出版社，1989年。

(二)语文知识与语文测试

1.语文知识、语言能力,以及语文教材保留共同点和语文测试的关系问题。

语言知识和语言能力是有关系的。但除了对于语言教学人员之外,一般的语言测试,是不应该单纯测试语言知识的。我看过这样的两个测试题目:

(1)请画出下列句子里的名词。

(2)试举例说明"之"的用法。

这两个题目,我们没办法分辨不能回答者和能回答者在语文能力上的差距。能指出题目里的名词的不一定能用这些名词。更令人啼笑皆非的是题目中的名词数量,还远超过老师所设定的答案。也就是说,还有一些名词是设题者没有看出来的。这是语法知识的测试,不是语文测试。

如果我们改为让受试者在空格上填上适当的名词,就可以避免这些错误,测试也才能和语言的应用建立关系。各种修辞格的提问,也属于这一类。这一类语文知识的提问,只适合作为各有关学科的考查题目,不能作为语文测试的题目。

至于第二个题目,更是考应试者背书的能力。除非你能熟背所有"之"的不同用例,否则没办法回答这个题。就好像要你说明现代汉语里"的"的不同用法一样,你必须把所有用"的"的不同用例都记下来,才能分析,而不能分析或分析得不全,并不等于说你不会用"的"。如果出题是为了测试应试者对文言"之"的理解能力,那就必须提供"之"的不同用例。

2.也有许多的语文测试用词语解释的方式来考查应试者对词义的了解。如列出"动机、景仰、歪曲"等词,要应试者给这些词下定义。

给词语下定义，而且要下得圆满周全，好像《现代汉语词典》给“袜子”下的定义那样：“一种穿在脚上的东西，用棉、毛、丝、化学纤维等织成或用布缝成。”不是应试者应该有的能力。我们如果要测试应试者掌握词义的情况，就得另外设定题目。用下列的方式出题，可能更合适：提供几个解释用语，请应试者选择，如考查“寥寥”的意思，可以提供“稀少”“寂静”“空旷”“广大”等，请应试者选择其一。或者将词语用在句子里，然后提供解释，让应试者选择：“他脸上没有一点笑容，只有一副不屑的表情。”可以提供“不友善”“不关心”“轻视、不在乎”“不高兴、不耐烦”，让应试者选择。

3. 也有用病句改正的方式作为语文测试的题目。

这方面更需要小心。在《语法修辞讲话》发表之后，吕叔湘(1979)说：

> 看了我们的讲话之后，发现有些名家的文章里偶尔也有类似这里所指摘的情形，于是就认为这些规律是庸人自扰，没有理会的必要。这种想法也是错误的。古今中外的名作家，文章里有小毛病的，不乏其例。……我们要学习他们的“大德”，不是他们的“一眚”。①

作家文章里的“小毛病”，有时也不是毛病，而是他们笔下本来就这么用的。② 语文是发展的，过去认为是错误的，现在却可以这么用；或这个地方认为是错误的，另一个地区却是这么用

---

① 吕叔湘《语法修辞讲话·引言》，吕叔湘、朱德熙《语法修辞讲话》，中国青年出版社，1979 年。

② 叶圣陶《从〈语法修辞讲话〉谈起》，《人民日报》，1955 年 1 月 15 日。

的。这类例子可真不少。如"由于……所以"连用,以前认为是不可以的,现在《大纲》就收了这个用法。尽管《现代汉语词典》"为了"词条下只有"表示目的:学习是为了工作、一切为了人民利益",并且说明"表示原因一般用'因为'不用'为了'"。但《现代汉语八百词》就收了表示原因的"为了",而很多人也这么用。所以病句改正的题目,不只出题要特别小心,而且也要详细分析题目要考察的是什么,不能让题目超越语文能力考查的需要。

我问一些常常说"饮胜"的朋友"胜"是什么意思,"守株待兔"的"株"是什么意思,"捷报"和"捷足先登"的"捷"是什么意思。这些是语文知识,但也和语文能力有关,可是这和应试者能不能用这些词没有关系。你必须明确考查的目的才设题。

将语文知识减低到最低限度,而以语文应用为主,去设题,才是正当的语文测试。

4.最后谈一谈语文教材与水平测试的关系问题。

我曾经在不同的场合里提到华语区语文教材保留共同点的需要,这是从文化的角度谈这个问题。① 如果我们从语文测试,尤其是水平测试的角度看,有共同的教材,才能使测试更有信度。在我参加的语文程度比较研究中,就发现语文教材的差异,在很大程度上影响测试的结果。例如中国台湾中学的课本,文言文占了非常大的比重,以致在语文测试上,成绩比中国香港的差。因为测试的题目都是属于现代汉语的。

在这个瞬息万变的现代社会里,新词的产生,数目是惊人的。除非各华语地区有充分的交流,否则测试题目如果包括这

① 周清海《东南亚华人社区的语文教育问题》《华文教学的现实与理想》,《华文教学应走的路向》,新加坡南洋理工大学中华语言文化中心,1998年。

些词语，将影响测试的结果。因此，华语地区的语文教材如果有一定的共同点，就比较能让各地区的语文水平保持在共同的标准上。

第二节 对象和内容

一 对象[①]

（一）引言

1. 背景。

信度与效度是试卷质量的最重要的特性。在HSK（初中等）汉语水平考试的设计和研制过程中，由于对效度指标的考察尚有许多理论与操作上的实际困难，从统计方面对考试质量的把握，更多地落实在对高信度的追求上。汉语水平考试中心这方面的努力一直是卓有成效的。[②]

近年来HSK（初中等）考生源的结构发生了一个值得注意的变化，即除了人数不断增加的零散的有中国背景的应试个人外，还出现了集中应试的有中国背景的考生团体。所谓"中国背景"指的是具有此种背景的考生个人的母语或其双语之一即为汉语或汉语的某种方言。根据经验，这些考生的整体水平一般

---

① 本部分节选自陈宏《关于考生团体异质程度对HSK（初中等）信度的影响》，北京语言学院汉语水平考试中心编《汉语水平考试研究论文选》，现代出版社，1995年。

② 郭树军《汉语水平考试的等值问题》，何芳《汉语水平考试的信度、效度分析报告》，《首届汉语考试国际学术讨论会论文》，北京语言学院出版社，1992年；刘英林《汉语水平考试（HSK）述略》，《中国语文》1990年第4期。

大大高于 HSK(初中等)目标总体的平均水平,他们所构成的考生团体很可能在异质程度上与 HSK(初中等)目标总体有所不同。这种考生团体的加入有可能在总体分数分布的位置和形态、这种分布的中心趋势和离散趋势等方面带来某些变化,从而对考试信度以至于考试的整体质量造成某种影响,然而至少到目前为止,还没有发现信度指标 r_{kk} 低于预期值 0.90 的例子。这种情况似乎值得研究。

2.问题。

作为异质程度不同的应试团体,有中国背景的考生的加入对 HSK(初中等)的信度,进而对考试的整体质量有什么影响?

(二) 根据

1.必要性。

信度是效度从而也是考试整体质量的前提。对信度进行考察的根本目的在于最大限度地减少测量误差对考试分数的影响,保证同一考试反复实施于异质程度相对稳定的同一考生团体,结果始终一致。信度是依赖于一定的考生团体的。如果考生团体的构成发生了显著改变,某些异质程度不同的考生团体加入了原目标团体,其成绩甚至集中于靠近总体分数分布某一端的位置上,这时就有必要对考试信度重新估计。[①] 这是因为:

(1)常模参照考试的信度估计对于考生个体间的分数差异很敏感。[②] 要保证一个良好的信度,就要求所有考生个人的分数彼此尽可能地拉大距离,造成一个宽阔的分数分布,并保证在

① 郑日昌、漆书清、马世晔《考试的教育测量学基础》,高等教育出版社,1990 年。

② Bachman, L F., *Fundamental Considerations in Language Testing*, Oxford University Press,1990.

这一分布区域内，每一个分数对考生的水平差异都十分敏感。所以，对于常模参照考试来说，只要考生总体的分数服从正态分布，其信度与其分数分布的方差一般是成正比的。信度对方差的这种敏感性在 Kuder-Richardson 信度系数和 α 系数的计算公式中也很容易察觉到。如果某一特定考生团体的成绩以很高的频率集中出现在总体分数分布某一端，说明这一考试对于这一考生团体过易或过难。这样，这一考生团体的分数就会形成狭窄的分布范围或很小的方差，从而使考试信度降低。因此方差的大小对确定考试的信度至关重要。有迹象表明，近年来有中国背景的考生团体的成绩大多居于总体分数分布的高端，这就很可能对方差进而对 HSK(初中等)考试信度产生较大影响。

(2)HSK(初中等)的信度把握多年来倚重的主要是根据下列 $k-R_{20}$ 公式所计算的同质性信度系数或 α 系数：

$$r_{kk}=\left(\frac{k}{k-1}\right)\left[1-\frac{\sum p_i q_i}{S_x^2}\right]$$

$$\alpha=\frac{k}{k-1}\left[1-\frac{\sum S_i^2}{S_x^2}\right]$$

式中 k 表示构成试卷的题目数，p_i 为 i 题的通过率，q_i 为 i 题的未通过率，S_x^2 为试卷总分的方差，S_i^2 为题目 i 上考生得分的方差($S_i^2=\frac{\sum(X_i-\overline{X})^2}{N}$，N 为考生总数)。由两式可见，在 k 值一定的情况下，方差越大，信度系数越高，方差越小，信度系数越低。可见这类信度估计对方差的作用是充分重视了的。但这种估计方法也有一定的局限性，主要表现在：在经典测验理论模式下，考试信度是相对于考生总体而言的，一般所谓信度估计对于考生个体间的分数差异很敏感,也是就全部考生个体的平均差异的大小而言的。实践中,某一部分有着相同或相似背景的考生成绩非常接近考生总体分数分布的某一端,甚至某些与考生总体异质程度不同的团体,其成绩高频率地集中出现于考生总体分数分布的某一端。这种局部数据和局部形态上的改变对于考试信度(无论对这一部分考生还是对考生总体)的影响在 $k-R_{20}$ 公式和 α 信度系数的计算公式中都不会反映出来。恰恰相反,因为 $k-R_{20}$ 公式或 α 系数的计算公式都是建立在正态分布假设基础上的,而在总题目数一定的情况下,如果 p_i 高于 q_i 的题目数过多,或 $\sum S_i^2$ 的值过小,亦即考试越是偏易,或分数分布越是呈负偏态,以上两式便非但不足说明考试的真实信度,反而有高估信度的倾向。

(3)异质性不同的团体给原考生总体分数分布带来的影响无非来自三个方面:一是不稳定、无效的测量误差,其性质是随机的;二是新团体与原总体在真实语言能力方面确实存在的差异,这种差异对分数的影响是稳定而有效的;三是某些稳定而有效却与考试目的或考试所要考查的语言能力无关的误差,称作系统误差。信度是对真分数的估计,或者说信度估计要求回答的问题就是考生成绩在多大程度上可归于测量误差的效应,或归于考试预期所要测量的语言能力以外的因素的影响。但 HSK 信度估计所依据的经典真分数理论并不区分随机误差与系统误差。系统误差的变异被纳入真分数的变异之中,并不在信度估计中引起信度指标表面数值的变化。所有观测得到的误差也都被视为随机的。前述信度系数高估的问题理论上概源于此。所以对于考试信度的把握，就不能单纯依赖信度系数。

在HSK（初中等）的设计和研制过程中，历来少见有关系统误差方面的研究。系统误差也不是本文要讨论的主要内容，但它的客观存在既然也是构成信度估计失实的一个原因，我们就不得不对其基本效应有一个概略的了解。

与系统误差相联系的有两种不同的效应：一种一般效应，一种个别效应。系统误差的一般效应对所有观察实例是普遍存在的，它影响所有应试个人的考试分数，并往往使这些分数看起来是相关的，因而系统误差有"高估信度的倾向"（Bachman, L F.,1990）。系统误差的个别效应指这种误差对不同的考生个人其影响的性质不一样。根据一般抽象力理论（generalizability theory），系统误差作为方差的构成部分是与某种具有确定条件的方面相关联的（Bachman, L F.,1990）。比如，如果HSK（初中等）考试的每项测验中都有一些篇章或段落涉及中国民俗文化这一特定范围的内容，那么"篇章或段落的内容"这个方面就有了一个确定的条件：中国民俗文化。就考生个人对这一特定内容领域的熟悉程度，而不是他的语言能力对其成绩的影响程度而言，这一个方面就会成为我们考察语言能力时的一个误差来源。这就是系统误差的一般效应，因为它构成了我们在HSK（初中等）中得到的每一个考试分数的一部分。而不是像随机误差那样，只是影响某些考生的分数而不及于其他考生的分数。系统误差的个别效应在这里则表现为考试的这一方面只有利于那些对中国民俗文化这一内容领域熟悉的考生——近年来HSK（初中等）考生总体中加入的有中国背景的考生团体可归于这一部分，而不利于那些对这一领域生疏或比较生疏的考生——HSK(初中等)考生总体中相当大的一部分考生可归于这一部分。语言考试方法的特殊性也是HSK(初中等)分数可能有的系统误差的重要来源。比如,所有考生不管其听力理解力和语法能力如何,都必须借助其汉字认读能力来完成听力理解和语法结构这两部分试题,这样,这两部分的分数变异就不仅包含考生真实的听力理解力和语法能力的变异数,也包含有系统误差——语言考试方法的特殊性所带来的变异数。这种误差的存在当然也是有利于有中国背景的考生的。

中国民俗文化的有关知识是否也应如同许多社会语言学家所主张的那样被视为语言能力的组成部分,还是像作为语言考试方法一个方面的汉字认读能力那样被看作系统误差或测验偏向,可以留待别的文章去讨论。本文关注的只是:在真分数的掩盖下,由于"中国背景"已经"渗入"HSK(初中等)考生总体的分数,利用方差估计考察信度的有效性就会受到很大局限。因为考试总分的方差是依赖于特定团体的,两个异质性不同的考生团体的分数混在一起,所产生的方差便不能准确估计这种"背景"分别对于这两个团体的不同效应。而根据这种方式产生的方差对信度做出的判断也会失实。所以有必要根据异质程度的不同将考生归入不同总体,再对这些总体在HSK(初中等)上的总分方差分别测算,以求得到一个对信度的较为符合实际的估计。

鉴于以上几方面的考虑,尽管HSK(初中等)常规的考试质量分析已经提供了较好的信度指标,我们认为对近年来有大批有中国背景的考生参加的HSK(初中等),仍有必要做进一步的信度考察。

2.可能性。

(1)确认考生团体异质程度的可能性。为考察考生源的变化对 HSK(初中等)信度的影响,首先必须能够确认近年来 HSK(初中等)考生总体中集中出现的有中国背景的考生作为一个样本在异质程度上是不同的,因而并不属于这一总体。因为考生团体异质程度方面的差异主要表现在分数分布的位置以及分数的集中和离散程度上,故考察有中国背景的考生团体与 HSK(初中等)考生总体在平均数和方差上的差异显著性,将有助于确认前者作为后者的一个样本的有效性。

(2)从难度的角度考察信度的可能性。HSK(初中等)作为一种常模参照性质的语言水平测验,主要目的之一就是要将考生按其水平最大程度地区分开来。如果一个考试对于某一特定考生团体过易或过难,就会造成一个偏态的分数分布。偏态分布状态下,分数不自然地被压缩在分数连续体的这一端或那一端,其结果必然是很难在能力水平上对那些得分在分数连续体两端的考生进行区分。换句话说,这样的考试,其分数连续体两端的区分力极低。既然同一个考试只对一部分考生是可靠的而对另一部分能力水平不同的考生不可靠,这个考试的信度自然就降低了。所以,考察考试的难度分布、难度差异、分数分布的位置和形态也将有助于对考试信度的判断。

(3)从方差的角度考察信度的可能性。前面已经谈到信度受方差大小的影响。方差越大,信度越高,方差越小,信度越低。所以比较 HSK(初中等)现考生总体(或称自然总体)、有中国背景的考生团体(或称可疑样本)及 HSK(初中等)原目标总体之间在分数的方差方面的差异,可以确认考生源的变化对信度的影响。然而我们知道一般情况下，平均数的值与方差的值也是成正比的，所以几组考生的分数尽管其标准差的单位是一样的，但因这些考生组间总体水平可能有较大差异，因而各自的平均数也可能相差较大，这样，这几组考生分数的方差就是一种绝对差异量。这就使得通过直接比较方差取值的大小来判别团体分数之间离散程度的差异的做法毫无意义。解决这个问题，我们可以选择相对差异量比较法。一般用相对标准差计算。

(4)从测量标准误的角度考察信度的可能性。一个有较高信度的考试必须将考生个人得分的误差控制在最小的范围内。根据真分数与误差分数的定义，我们知道一个考生的观测分数与其真分数的差异等于误差分数（$X - X_t = X_e$），这样，假设这个考生多次反复参加同一考试，其观测分数间的差异就只是这些分数的误差分数之间的差异的一个函数。所以这一考生观测分数的假设分布的标准差就等于误差分数的标准差。“这些观测分数越是靠近并丛集于真分数的平均数周围并形成一个较小的误差标准差，测试的信度就越高，这种误差的标准差越大，测试的信度就越低”（Bachman, L F.，1990），这是因为误差分数的标准差规定了考生个人分数的置信区间，表明一个考生的观测分数距其真分数有多远。这种标准差越小，考生分数的置信间距也越小，测量的准确性也就越高。所以误差分数的标准差提供了一种工具，用以估计某一特定的观测分数作为考生个人真实考分的指标其准确性如何。为了与考生团体分数分布的标准差相区别，通常将这种误差分数的标准差称作测量的标准误(SEM)。通过比较测量的标准误，我们有可能看到 HSK（初中等）对于 HSK（初中等）现考生总体、有中国背景的考生团体及

HSK(初中等)原目标总体,其信度会有什么波动。

(三) 方法与结果

1.考察的素材。

HSK(初中等)试卷:J318。

被试:1993 年 6—12 月使用 J318 的 1 296 名考生,其中新加坡考生 169 名,北京语言学院一、二、三系外国留学生和日本考生 1 127 名。根据考察目的,我们将被试分为三组:(1)考察使用的全部 1 296 名被试,以下称自然总体。(2)新加坡 169 名被试,以下称可疑样本。(3)北京语言学院一、二、三系和日本的 1 127名被试,以下称为目标总体。

2.考察的步骤、方法与结果。

(1)频率统计。使用 SPSSWIN(为视窗环境设计的社会科学统计软件包)对自然总体、可疑样本和目标总体三组被试在 J318 上的总分进行频率统计,得到表 1-6。

表 1-6　主要参数和统计量

	平均数	标准差	方差
自然总体	104.78(μ_0)	37.07(σ_0)	1374.3($\sigma_0{}^2$)
可疑样本	153.91($\overline{X}$)	15.44(S)	238.51(S^2)
目标总体	97.4(μ_t)	33.59(σ_t)	1 127.99($\sigma_t{}^2$)

由表 1-6 可见,在平均数方面,$\overline{X}>\mu_0>\mu_t$。

图 1-4、图 1-5、图 1-6 是三组被试在 J318 上的总分分布的直方图。由图 1-4 可见,自然总体的总分频率分布趋于双峰,并略呈负偏态(偏态值 skewness= -0.8);图 1-5 明白显示出可疑样本的总分频率分布为显著而高狭的负偏态(skewness = -3.67);而在图 1-6,目标总体的总分频率分布基本呈正态

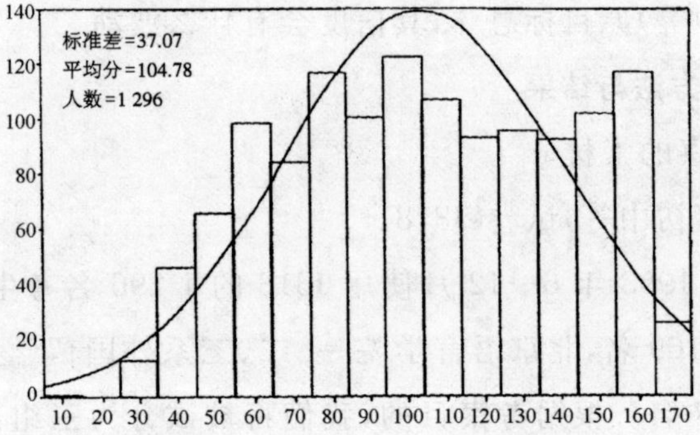

图 1-4　自然总体的总分频率分布

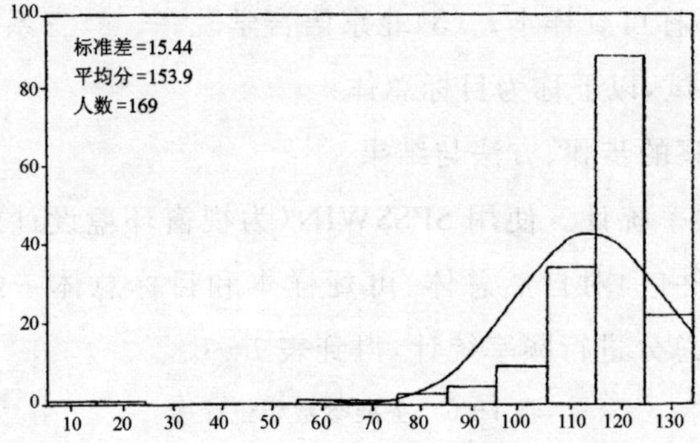

图 1-5　可疑样本的总分频率分布

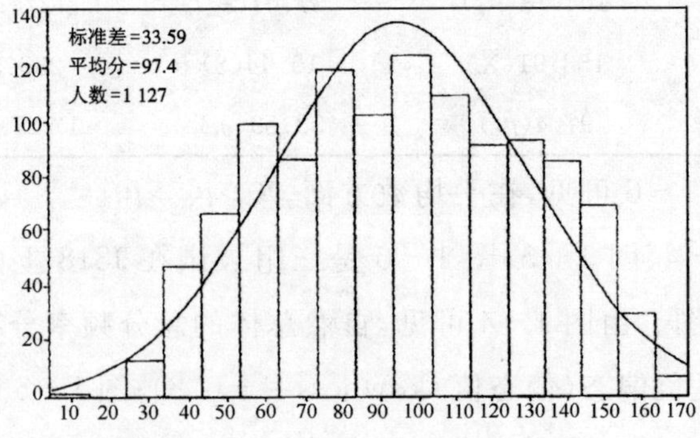

图 1-6　目标总体的总分频率分布

(skewness＝ －0.01)。比较这三个直方图,可见可疑样本与自然总体和目标总体在总分频率分布的位置与形态上绝不相同,而自然总体因为在其总分分布的高分端加入了可疑样本的一批分数,所以较之目标总体,其分布位置和形态也有显著改变。

(2)J318 对可疑样本的难度分布与难度差异。由表 1－7 可知,可疑样本的被试有 95%得分在 130—168 分区间、90%在 139—169 分区间、85%在 146—168 分区间。

表 1－7 各总分的频度、百分比和累积百分比

分数	频率	百分比	累积百分比	分数	频率	百分比	累积百分比
49	1	1	1	149	5	3	25
62	1	1	1	150	2	1	27
103	1	1	2	151	5	3	30
114	1	1	2	152	4	2	32
120	2	1	4	153	1	1	33
124	1	1	4	154	2	1	34
126	1	1	5	155	6	4	37
130	1	1	5	156	5	3	40
131	1	1	6	157	8	5	45
133	2	1	7	158	8	5	50
135	1	1	8	159	9	5	55
136	2	1	9	160	9	5	60
138	1	1	9	161	15	9	69
139	2	1	11	163	9	5	84
141	1	1	12	164	4	2	86
144	2	1	13	165	9	5	92
145	2	1	14	166	5	3	95
146	1	1	15	167	5	3	98
147	8	5	20	168	4	2	100
148	5	3	22				

根据广州外国语学院的题目分析程序的统计，J318对可疑样本呈以下难度分布：题目总数，170个。容易的题（P≥0.9），共114个，占题目总数的67%。较容易的题（P≥0.7），共49个，占题目总数的29%。以上两类题目共占题目总数的96%。中等难度的题（0.7≤P≥0.3），共7个，占题目总数的4%。

(3)信度分析。广州外国语学院的题目分析程序对J318分别用于自然总体、目标总体和可疑样本的信度做出了如下估计：

$K-R_{20}$信度系数：

自然总体：$r_{kk}=0.98$

目标总体：$r_{kk}=0.97$

可疑样本：$r_{kk}=0.95$

α信度系数：

自然总体：$\alpha=0.95$

目标总体：$\alpha=0.93$

可疑样本：$\alpha=0.91$

相对于自然总体、可疑样本、目标总体三组被试，J318听力理解、语法结构、阅读理解和综合填空四部分之间及其各自与全卷之间的相关情况如表1-8：

表1-8 J318四部分间及各自与全卷间相关一致性系数矩阵

		TOTAL	L	G	R	C
	TOTAL	1.0000				
自	L	0.8899	1.0000			
然	G	0.9301	0.7647	1.0000		
总	R	0.9341	0.7110	0.8615	1.0000	
体	C	0.9486	0.7700	0.8754	0.8874	1.0000

（续表）

		TOTAL	L	G	R	C
	TOTAL	1.0000				
可	L	0.8584	1.0000			
疑	G	0.8693	0.6550	1.0000		
样	R	0.9092	0.6916	0.7513	1.0000	
本	C	0.8967	0.6514	0.7533	0.7703	1.0000
	TOTAL	1.0000				
目	L	0.8483	1.0000			
标	G	0.9170	0.7023	1.0000		
总	R	0.9250	0.6368	0.8346	1.0000	
体	C	0.9320	0.6858	0.8484	0.8684	1.0000

注：TOTAL 为全卷；L 为听力理解；G 为语法结构；R 为阅读理解；C 为综合填空。

表 1－8 的数据产生于 SPSSWIN。其中显示 J318 所有 10 对相关，对自然总体都比对可疑样本和目标总体为高。

(4)假设检验。

一是平均数的显著性检验。

这一检验预期回答的问题是：可疑样本的平均数 $\overline{X}$ 所估计的总体的平均数 μ_1 与自然总体的平均数 μ_0 是否有显著差异？

a. 在总体服从正态分布的情况下，平均数的显著性检验一般采用 Z 检验。J318 自然总体的偏态值为 －0.08，但因为可疑样本容量较大，$n = 169 > 50$，符合 Z 检验的近似条件，所以尽管总体分布略呈负偏态，对于平均数的显著性检验仍可近似地采用 Z 检验。以 Z'表示。①

虚无假设，两平均数没有显著差异，记作：$H_0: \overline{X}(\mu_1) \leqslant \mu_0$；

① 张厚粲《心理与教育统计学》，北京师范大学出版社，1989 年。

替代假设,两平均数有显著差异,记作:$H_1:\overline{X}(\mu_1)>\mu_0$。从总体上看,$\mu_1$ 的真实水平高于 μ_0,因而只需进行单侧 Z 检验。

b.计算可疑样本平均数分布的标准误 σ_x:$\sigma_x=2.85$(计算公式见附录公式 1)。

c.计算临界比率 CR (Critical Ratio):CR = 17.24(计算公式见附录公式 2)。用 Z'表示临界比率 CR 则有:Z' = 17.24(计算公式见附录公式 3)。

从正态分布表查得,单侧检验显著性水平 $\alpha=0.05$ 时,临界值 $Z_\alpha=1.645$,实际检验所得临界比率 $Z'=17.24>1.645$,$P<0.05$,也就是说,在统计学上认为这时 $\overline{X}$ 从而 μ_1 与 μ_0 的差异在 0.05 水平上异常显著。即使我们将显著性水平提高到 $\alpha=0.0005$,临界值 $Z_\alpha=3.291$,实得临界比率 $Z'=17.24>3.291$,$P<0.0005$,$\overline{X}$ 从而 μ_1 与 μ_0 的差异在 0.005 水平上仍然极其显著。所以我们可以否定虚无假设 H_0 并接受替代假设 H_1,这种推论可以表述为:可疑样本所估计的总体的平均水平显著高于自然总体的平均水平。做出这种结论犯 I 类错误的概率在 $Z_\alpha=1.645$时只有二十分之一,而在 $Z_\alpha=3.291$ 时只有二千分之一。

二是链检验(Wald-Wolfowitz 游程检验)。

鉴于自然总体的总分分布略呈负偏态,我们对可疑样本与自然总体在总分分布的中心趋势上所表现出来的差异又进行了链检验。链检验属于非参数检验,不要求正态分布,其结果正好可以用来印证上述近似的 Z 检验的结果。

a.可疑样本共 169 名被试,随机抽取 34 个被试的总分,自然总体共 1 296 名被试,也随机抽取 34 名被试的总分。将这两个样本从小到大混合排序:

等级：1 2 3 4 5 6 7 8 9 10 11 12 13 14

可疑样本（n1＝34）：

自然总体（n2＝34）：32 55 60 60 67 75 77 77 80 82 91 94 96 100

等级：15 16 17 18 19 20 21 22 23 24 25 26 27

可疑样本：133

自然总体：103 104 105 110 111 114 114 118 121 123 124　136

等级：28 29 30 31 32 33 34 35 36 37 38 39 40 41

可疑样本：139　139　140　141　　147　147　　148　148 149 150

自然总体：146　147　152 152

等级：42 43 44 45 46 47 48 49 50 51 52 53 54 55

可疑样本：155 155 155　156 156 158 159 159 160 161 161 161 161

自然总体：155

等级：56 57 58 59 60 61 62 63 64 65 66 67 68

可疑样本：162 162 162 162 162 162 163 163　166 167

自然总体：162　164　168

b. 共得 17 个链，记为 r＝17。

c. 两样本容量均在 20 个以上（$n_1 = 34 > 20$ 且 $n_2 = 34 > 20$），在这种情况下，r 的抽样分布近似正态分布，求其均值 μ_r 和标准差 σ_r：$\mu_r = 35$（计算公式见附录公式 4），$\sigma_r = 4.09$（计算公式见附录公式 5）。

d. 对 r 进行 Z 检验：$Z = -4.4$（计算公式见附录公式 6）。

e.单侧检验显著水平 $\alpha = 0.05$ 时，临界值 $Z_{\alpha} = 1.645$，实际检验所得临界比率 $Z = -4.4$，其绝对值 $|-4.4| > 1.645$，$P < 0.05$，也就是说，在统计学上认为这时可疑样本与自然总体在总分分布的中心趋势方面的差异在 0.05 水平上异常显著，可以否定原假设 H_0 并接受备择假设 H_1。这一结果与前述近似 Z 检验的结果是一致的。

三是方差差异显著性检验。

为了考察可疑样本与自然总体在总分的离散程度和分布形态方面的差异，我们利用 X_0 表对它们进行了方差差异显著性检验。

问题：自然总体的总分方差为 1 374.3，可疑样本的总分方差为 238.51，两方差有无显著差异？

虚无假设，两方差无显著差异，记作：$S_2 = \sigma_0^2$；替代假设，两方差有显著差异，记作：$S_2 \neq \sigma_0^2$。解：$\sigma_0^2 = 37.07^2 = 1\,374.3$，$S_2 = 15.44^2 = 238.51$，$n = 169$。则有 $\chi^2 = 29.33$（计算公式见附录公式 7）。查 $df = 60\chi^2$ 表（自由度 df 达到 60 以上，对 χ^2 分布临界值影响甚微，故一般样本容量在 60 以上时，可比照自由度 df 为 60 的情况处理）。

$$\chi^2_{.05/2} = \chi^2_{.025} = 83.3$$

$$\chi^2_{1-.05/2} = \chi^2_{.975/2} = 40.5$$

由于 $29.33 < 40.5$，即 $\chi^2 < \chi^2_{(1-\alpha/2)}$，$p < 0.05$，亦即可疑样本的总分方差与自然总体的总分方差间有很大差异。

四是秩和检验。

为了确认方差差异显著性检验的结果，我们又对可疑样本与自然总体的总分进行了秩和检验。秩和检验也是一种非参数检验，不要求正态分布。

a.从可疑样本和自然总体中各抽一个样本并将其数据混合排列。（同链检验）

b.两样本容量相同，将自然总体样本中各数据的等级相加，其和以 T 表示：T = 1 + 2 + 3 + 4 + 5 + 6 + 7 + 8 + 9 + 10 + 11 + 12 + 13 + 14 + 15 + 16 + 17 + 18 + 19 + 20 + 21 + 22 + 23 + 24 + 25 + 26 + 27 + 32 + 35 + 40 + 41 + 45 + 56 + 65 + 68 = 734。

c.样本容量大于 10 时，T 的抽样分布近似正态，求其分布的平均数 μ_t 和标准差 σ_t：$\mu_t = 1\ 173$（计算公式见附录公式 8），$\sigma_t = 81.53$（计算公式见附录公式 9）。

d.进行 Z 检验：Z = −5.38（计算公式见附录公式 10）。

e.单侧检验显著水平 $\alpha = 0.05$ 时，临界值 $Z_\alpha = 1.645$，实际检验所得临界比率 Z = −5.38，其绝对值 $|-5.38| > 1.645$，$P < 0.05$，也就是说，在统计学上认为这时可疑样本与自然总体在总分的离散程度或分布形式方面的差异在 0.05 水平上异常显著，可以否定原假设 H_0 并接受备择假设 H_1。

五是总分方差的比较。

对平均数不同的几组数据的离散程度进行比较，通常采用的相对差异量数为皮尔逊的差异系数，也称相对标准差，一般用 CV 表示（计算公式见附录公式 11）：

$CV_{自然总体} = 35.38\%$

$CV_{可疑样本} = 10.03\%$

$CV_{目标总体} = 34.48\%$

这一结果可进一步表述为：

$CV_{自然总体}(35.38\%) > CV_{目标总体}(34.48\%) > CV_{可疑样本}$

(10.03%)

(5)总分标准误的比较。

由广州外国语学院的题目分析程序产生的自然总体、可疑样本和目标总体的总分的标准误如下：

S.E.自然总体 = ±5.47

S.E.可疑样本 = ±3.44

S.E.目标总体 = ±5.68

这一结果可进一步表述为：

S.E.目标总体(±5.68)＞S. E.自然总体(±5.47)＞S. E.可疑样本(±3.44)

(四) 讨论

1.对结果的解释和推论。

本部分开始即提出，目前在考生总体中混有较大规模有中国背景的考生团体的情况下，使用 $K-R_{20}$ 和 α 系数测算 HSK(初中等)的信度，所得指标可能有高估的倾向，根据上面的统计结果，这一推论大致可以成立。

假设检验的结果支持这样的推论。新加坡考生所代表的是HSK(初中等)考生总体以外的另一总体，即有中国背景的考生总体。这一总体在异质程度上与 HSK(初中等)考生总体存在显著差异。在这一总体中实施 HSK(初中等)，属于"常模误用"。① 其结果，就像 Henning(1987)所说，"同一个测验可能对一组考生是可靠的而对另一组水平不同的考生则是不可靠的"。因为 HSK(初中等)作为一种语言水平的测量工具，其程度是由

① Henning G., *A Guild to Language Testing: Development Evaluation Research*, Cambridge. Newbury House Publiishers, 1987.

其考生总体的常模的基本特征——平均数和标准差来定义的。这一常模只是用来解释其所由产生的那一总体中的个人或团体的分数的参照，而对于说明任何来自其他团体的个人或团体的真实语言水平都是不可靠的和无效的。

假设检验的结果还有助于解释表1－8所提供的J318四部分间及各自与全卷间相关一致性系数矩阵，即如果将同一测验施用于异质程度不同的两个考生团体，合并计算相关，结果有可能得到比分别计算这一测验用于两团体时的相关更高的相关，但这种高相关是高估了的，因而不足说明这一测验的可靠程度。

由常模误用给HSK（初中等）信度带来的损害可从以下几个方面得到证实：

（1）由各组总分分布直方图、总分累积百分比并通过难度分布及难度差异的考察，可知新加坡考生在J318上的得分过于集中地偏向高端而造成了极其狭窄的分数全距和极其显著的负偏态分布；难度分布上处于易这一端的题目过多；难度差异也嫌过小。因此，可以认为J318对于包括新加坡考生在内的有中国背景的考生的实际语言能力很少区别意义，而更接近于某种通过式测验或掌握测验。这对于考试的信度当然是一种损害。

（2）考试过易，难度分布过狭，难度差异过小所造成的对信度的损害首先表现为方差的缩小。通过相对差异系数的比较，可知在自然总体、可疑样本和目标总体中，J318用于可疑样本时，所得总分方差大大小于自然总体和目标总体的总分方差，也就是说，HSK（初中等）用于有中国背景的考生团体时，信度最低。自然总体由于是两个异质程度不同的考生团体的混合体，总分分布也呈双峰，其相对差异系数大于两个团体中任何一个的相对差异系数并不奇怪。只是这个相对差异系数不再具有代表性,不足说明 J318 对于两个团体中任何一个的信度了。

(3)一般在考生分数服从正态分布的情况下,总分标准误比较的结果可以提供从考生个人得分准确性的角度考察考试信度的可能性。但由于可疑样本在 J318 上的总分全距和标准差过小,分布呈显著的负偏态,使得 J318 用于这一样本的测量标准误的取值显著低于自然总体和目标总体。这就造成一个假象,似乎 J318 在这一考生团体中使用,信度最好。但这种逆向推断恰恰不能成立,也就是说,测量标准误的估计取决于信度和标准差($S.E.=S\cdot\sqrt{1-r_{kk}}$,其中 r_{kk} 的估计也是基于考生团体分数的标准差),而不是相反。因为如前所述,分数全距和方差过小,J318 对新加坡考生团体从而对其他有中国背景的考生团体中考生个人的语言能力便没有多少区别意义,所得信度指标和测量标准误都不足显示其真实信度。自然总体因为是两个异质程度不同的考生团体的混合体,而且自然总体总分的相对差异系数实际低于目标总体,所以测量标准误的绝对值较小在这里并不能说明 J318 用于自然总体的信度比用于目标总体为高。

我们前面已论证了 HSK(初中等)一向采用的 $K-R_{20}$ 公式和 α 系数所估信度指标,对于加入了有中国背景考生团体的现 HSK(初中等)考生总体,及对于有中国背景的考生团体本身的不尽可信,并尽可能多方面地探讨了考试信度在这种情况下可能受到的影响。然而考试的真实信度到底是多少?我们却无法回答,甚至无须回答。因为信度只是反映了同一考试在同一条件下对同一团体,其结果的可重复性而已。所以如果将 HSK(初中等)反复不断地用于有中国背景的考生团体,根据我们的研究结果推断，与信度估计伴随始终的恐怕只能是个显著的负偏态的分数分布、狭窄的分数全距和方差，失实的信度和测量标准误……更重要的是，信度实际降低而指标高估的问题，根源在于考试质量更核心的方面，即其有效性已经受到了威胁。前面提到的“常模误用”，其结果当然会影响到信度，但其问题的实质在于在异质程度不同的团体中不恰当地使用 HSK（初中等），从而使得对于这种考试的结果的解释失去效度，要解决这方面的问题，还要回答在真分数的范围内，哪些是与所测能力无关的变异数，哪些则是有关的，这些变异数各自对于考生分数的一般效应和个别效应如何。这就不仅是测试效度的讨论，还涉及语言能力的定义问题及测验理论模式问题，此处只能从略。

2.对进一步研究的建议。

既然有中国背景的考生团体的出现对 HSK（初中等）质量的影响根本在于其对考试效度的影响，这方面的研究自应引起有关研究人员的重视。此外，为开发专为有中国背景的考生团体而设的 HSK 考试进行可行性调查，或对 HSK（初中等）继续用之于这种考生团体做出新的解释，也都应当排在汉语水平考试中心的研究日程上了。

附　录

公式 1　$б\bar{x} = \frac{б_0}{\sqrt{n}} = \frac{37.07}{\sqrt{169}} = 2.85$

公式 2　$CR = \frac{\bar{x} - \mu_0}{б\bar{\bar{x}}} = \frac{153.91 - 104.78}{2.85} = 17.24$

公式 3　$Z' = \frac{\bar{X} - \mu_0}{б\bar{\bar{x}}} = 17.24$

公式 4　$\mu_r = \frac{2n_1 n_2}{n_1 n_2} + 1 = \frac{2 \times 34 \times 34}{34 + 34} + 1 = 35$

公式 5　$б_r = \sqrt{\frac{2n_1 n_2 (2n_1 n_2 - n_1 - n_2)}{(n_1 + n_2)^2 (n_1 + n_2 - 1)}}$

$= \sqrt{\frac{2 \times 34 \times 34 (2 \times 34 \times 34 - 34 - 34)}{(34 + 34)^2 (34 + 34 - 1)}} = 4.09$

公式 6　$Z = \frac{r - \mu_r}{б_r} = \frac{17 - 35}{4.09} = -4.4$

公式 7　$X^2 = \frac{ns^2}{б_0^2} = \frac{169 \times 238.51}{1374.3} = 29.33$

公式 8　$\mu_T = \frac{n_1 (n_1 + n_2 + 1)}{2} = \frac{34(34 + 34 + 1)}{2} = 1173$

公式 9　$б_T = \sqrt{\frac{n_1 n_2 (n_1 + n_2 + 1)}{12}} = \sqrt{\frac{34 \times 34(34 + 34 + 1)}{12}}$

$= 81.53$

公式 10　$Z = \frac{T - \mu_T}{б_T} = \frac{734 - 1\ 173}{81.53} = 5.38$

公式 11　$CV = \frac{S}{M} \times 100\%$

式中 S 为某组数据的标准差，M 为该组数据的平均数。

二　内容①

近年来，新加坡社会就文化与语言之间的关系，经常有人提出不同见解，做了一连串没有结论的讨论。所关心的问题是：文化和语文可以分开教导和学习吗？或者，文化只能通过有关的语义去传授？这类问题没有结论，并不稀奇，因为问题本身并不

① 本部分节选自苏启祯《从语文与文化的观点探讨华语测试的设计》，《新加坡华文教学论文集》，北京语言学院出版社，1994 年。

清楚;"文化"一词的涵盖,言人人殊,有待共同定义的确立。如果文化是语言的根源,那么,美国语言教学界早有肯定的见解:

> 作为语文教师,我们必须对(社会科学家心目中)文化的学习发生兴趣……如果我们只教语文而不同时教使用这语文的文化,我们所教的只是一些没有意义的意符或者学生会错意的意符。①

文化与语言之间的关系紧密,这不是可以单凭推理便肯定的。事实上,有相当多的研究指出它的存在。以法语和阿拉伯语双语者为对象,研究者②要被试用一种语文完成句子。六星期后,要他们用另一种语文完成同一组句子。分析结果显示同一组人用不同语文作答时,思想不同,透露出文化差异。例如:

法语　一个人需要一份好工作来过快乐的日子。

阿语　……………………………才能在晚年进回教堂祷告。

法语　妻子不听我的话时,我没法了解她。

阿语　……………………………离婚是唯一的解决办法。

虽然文化和语言有密切关系,但其间的因果层次并不肯定。不过,有关研究肯定显示文化影响语言表现。例如,华籍和澳籍学生在用英文写述时,也显出两种文化对思维内容的影响;③比

---

① Polizer, R., Developing Cultural Understanding through Foreign Language Study. *Report of the Fifth Annual Round Table Meeting on Linguistics and Language Teaching*, Washington, D.C.: Georgetown University Press, 1959.

② Benthahild, A., *Language Attitudes Among Arabic-French Bilinguals in Morcco*. Clevedon: Multilingua Matters, 1983.

③ Hu, Z., Brown, D F. & Brown, L B., Some Linguistic Differences in the Written English of Chinese and Austrilian Students. *Language Learning and Communication*, 1982(1): 39 - 40; Mckay, S. L. 1984. *Topic Development and Written Discourse Accent*. Paper presented at the 1984 TESOL CONVENTION.

较起来，华籍学生多做指示式和说教式的反应，而且也多强调教育与国家的重要。

华语课程纲要列明教学总目标包括“认识并吸收有价值的东方传统文化”。[①] 这一点，在最近发表的《小学教育之改善》报告书中一再重申强调。广义地说，文化包括人类学者或社会学者所研究的原始资料，有态度、风俗、日常生活、思考方式、价值系统、历史演变等。语文科中的文化成分，则通常有地理、历史，以及在科学上、社会学上和艺术上的成就。这种知识代表一个民族的传统文化遗产，也是了解目标文化必须知晓的。[②]

华语科列明文化的学习是个目标，这是明智之举，因为这样的策略可能产生双重的有利作用。首先，文化的学习使人有归属感，使人学习社会重视的处世态度和行为准则，具有统合功能。其次，文化知识使抽象的语言意符有实质内容，易学易记也易用，间接提高语言学习的效率。语文科可用作教材的文化内容甚多，[③]但不外文化知识和文化行为。文化知识有节日、民俗、发明、文学、艺术等和文化史有关的人文现象，是静态的。学习这种文化知识，使人对一民族的渊源和成就有所知晓，纯粹是辨知的学习(cognitive learning)。如果学生更进一步地去喜爱它们，模仿它们，甚至乐意去重新创造，便反映了感性学习(affective learning)，产生了认同(identification)而塑造了意识

① Singapore, *Chinese Language Syllabus*. (In Chinese) Singapore: Ministry of Education, 1983.

② Valette, The Culture Test. In Valdes, J. M. (Ed.) *Culture Bound: Bridging the Cultural Gap in Language Teaching*. Cambridge Unviversity Press, 1986.

③ Brooks, N., Culture in the Classroom, In Valdes, J. M. (Ed.) *Culture Bound: Bridging the Cultural Gap in Language Teaching*. Cambridge University Press, 1986.

(identity)。

然而,在上述的文化知识之外,每个民族都有它认可的通行的行为准则和习惯,表现在日常的交往中,属于动态的,它间接表现出民族的特性特色。(当然,这并不等于说不同民族的文化没有共同点。如讲求礼貌,可说是人类共有的行为准则,但表现礼貌的方式细节却各不相同,如竖起拇指在一个民族表示赞赏,在另一个民族却表示侮辱。)这种文化规范决定了什么是被接受的、被容忍的或是被鄙视的,如敬礼、问好、话语用词、言谈话题、约会、用餐等方面的礼节和禁忌,都间接反映出文化的内涵。

华语课程中,要怎样引入这些文化教材,比重又如何,教学又如何,是课程设计的问题,不在我们讨论的范围。但是传统文化既然被明列为教学目标之一,在事事以考试为依归的处境中(实际上,考试是教育改革的一种有效工具),华语科的考试似乎应该适度地反映这个意愿。至于文化测试的成绩是否要作为行政决定的咨询,或只作为专业用途(如课程评鉴或教学诊断),可从长计议,而文化测试的设计也有待探讨与实验。

第三节　测试分数的处理和解释[①]

测验的结果通常是以"分数"来代表的。最常用的是百分率(percentage)的记分方式,例如某生得 75 分,其实是指 75%。

---

① 本部分节选自谢泽文《测验分数的处理和解释》,新加坡华文教师总会编《教学与测试》,2003 年。

75分的意思是什么呢？不同的人会有不同的解释：

甲可能说：这表示很不错的成绩。

乙可能说：这表示某生已掌握了75%的教学目标。

丙可能说：我不知道是什么意思。

甲认为75分是不错的成绩，这是因为一般学校采用“绝对值”的分数制，规定50分或60分为及格分数，75分或80分为优等分数，所以75分已算是很不错的成绩了。乙可能认为试题是根据教学内容拟设的，试题就代表了全部的教学内容，所以答对了75%的试题，就等于掌握了75%的教学目标。至于丙，他可能认为这是个以“常模”为标准的测验（norm-referenced test），他因为不知道其他考生所得的分数，所以说不知道是什么意思。

分数本身是没有绝对的意义的。因为试题可以难、可以易；评卷时也可以严、可以松。如果大部分同学只得到50—60分，75分当然是高分；但如果试题很容易，75分可能属于中等或中下的成绩。做教师的应该把分数看作鉴定学业成绩的主要“参考资料”或“指引”，不应该把测验分数和物质测量的单位等量齐观。物质的量标如公分、公斤、摄氏30度等都是“绝对”的，譬如5公尺1公分一定比5公尺长一点，摄氏35度的温度一定比34度的高。但测验分数不能这样解释；数学的80分不一定比英文的70分高；在同一次测验中，54分和44分的差异并不相等于74分和64分的差异。

学生参加测验所得的分数，在教育统计上称为“原始分数”，这种分数须经过统计分法的处理后，才能显出它的意义。

一 处理原始分数的几种常用统计法

（一）集中量数(measures of central tendency)

分数经过整理，就可以看出分数集中的情形。代表这集中现象的数字，称为“集中量数”。集中量数是这一组分数的代表，我们可以用它来形容这一组考生的程度。常用的集中量数有：

1. 平均数(mean)。

这是学校最常用的一种集中量数，计算方法非常简单，我们只要把全部分数加起来，除以分数的总次数就可以，例如：

57，92，52，75 的平均数是(57+92+52+75)÷4=69

2. 中数(median)。

中数就是一组分数的“中间分数”，有 50%的分数高于这分数，也有 50%的分数低于这个分数。计算的方法也很简单，我们只要把分数由高至低的顺序排好，然后取其中间的分数即可。如果考生人数不是奇数而是偶数，就把中间的两个分数加起来除以 2，如：

人数(N)=9(奇数) 5 6 8 10 12

13 17 18 20

中数=12

人数(N)=10(偶数) 5 6 8 10 12

13 17 18 20 22

中数=(12+13)÷2=12.5

3. 众数(mode)。

这是指一组分数中出现最多次的分数。真实众数的计算相当复杂，但“近似众数”的计算很容易，我们只要查看分数的次数分配表，就可以立刻找出来，如：

分数	次数	
51	1	
57	2	
62	9	——→众数 = 62
72	2	
78	4	

上述三种集中量数中，最常用的是平均数，因为它容易计算、容易解释；其次是中数；至于众数，采用的人比较少。

集中量数的不同，会改变一个测验分数的意义，譬如在一次测验中，同班所得分数的平均是 80，那么 75 分就是一个“中下”的分数；但如果全班平均数只有 60 分，那么 75 分就是一个“中上”的分数。因此，要知道一个分数所代表的意义，首先要检查一下全体分数的平均数。不过平均数往往会受到“极端”分数的影响而降低它的代表性。举一个例子加以说明。有这样的一组分数：47，49，52，55，60，95，100，平均数是 65.4。如果一个学生考了 60 分，这是在平均以下的分数。这组分数中因为有 95 和 100 两个极端高的分数，所以显著地提高了平均数。但这组分数的中数是 55，如果改用中数作为标准，60 分在中数以上，超过一半人考得比他差，已经是属于中上的成绩了。所以，如果发现一组分数中出现了特别高或特别低的分数，在解释某一个分数时，除了检查平均数外，最好也看看中数是什么。

（二）离中差（variability）

根据集中量数，我们可以知道一组学生所得分数的集中趋

势,以及他们的一般程度。但如果要知道该组分数的分布状况或分散程度,就要计算其"离中差"。最普通的离中差有两种:

1. 全距(range)。

全距又称"两极差",即一组分数中最高分和最低分的差距,如:79,72,46,43,23,这组分数的全距是56(79－23＝56)。一般上,全距愈大,集中趋势愈小,分数也越分散;反之,全距愈小,则分数愈集中。不过,如果一组分数中出现了一个特别高或特别低的分数,用全距来测定离中差就不可靠了,如:76,75,74,69,12。这组分数本来是相当集中的,但因为出现了12分,结果全距64(76－12＝64),离中差变成非常大。

2. 标准差(standard deviation)。

标准差是教育统计上用途最广的一种离中差。例如在计算标准分数或校正分数时,都会用到它。标准差越大,就表示分数越分散;标准差越小,就表示分数越集中。如果教师打的分数都在60—70之间,所得出来的标准差必然很小。标准差有一个缺点,就是计算相当麻烦。幸好现在袖珍计算机相当普遍,有些计算机可以直接算出标准差,非常方便。此外,我们也可以采用下面的简便方法来计算:

标准差＝(最高六个分数的总和－最低六个分数的总和)/学生人数的一半

在一组标准差很小的分数中,一两分之差可能是相当严重的,但在一组标准差较大的分组中,一两分之差就比较不严重了。现在以下两组分数为例:

甲组分数	平均数＝60	标准差＝5
乙组分数	平均数＝60	标准差＝10

在甲组的70分，高出平均分两个标准差；在乙组的70分，只高于平均分一个标准差。换言之，在甲组的70分，显著地高于在乙组的70分。

二 对个别分数的解释

在一个以常模为参照的测验（norm-referenced test）中，原始分数本身是没有什么意义的，它必须经过统计方法的处理后，才能显出它的意义。上面所谈的，都是处理和解释整组分数的方法。至于对个别分数的解释，还要进一步将原始分数化为另一种量数，最常用的有：

（一）名次（rank）

即根据分数的高低将原始分数转换为名次，譬如10/35，就表示在一班35个学生中，他的成绩排第10名。

（二）百分位数（percentile scores）

百分位数是用来说明在一次测验中，有百分之几的考生考得比他差。例如有65%的人得分少于68，那么68分的百分位数就是65%。百分位数的计算方法有几种，比较容易的是“次数分配表”计算法。计算步骤如下：(1)找出各分数的出现次数；(2)由下而上列出分数的“累积次数”；(3)计算累积次数的百分比（即百分位数）。例如：

分数	出现次数	累积次数	百分位数
80	1	54	100%
75	1	53	98.1%
74	9	52	96.2%
63	3	43	79.6%

60	12	40	74%
57	5	28	51.8%
54	9	23	42.5%
55	10	14	25.9%
49	4	4	7.4%

根据上表,一个学生如果考得 57 分,他的百分位数就是 28÷54=51.8%。换言之,有 51.8%的同学考得比他差。

(三)标准分数(standard scores)

标准分数是以标准差来表示个人分数与平均数的距离。最常用的标准分数有 Z 分数(Z scores)、T 分数(T scores)和标准 9 分(Standard nine,简称 Stanine)。

1.Z 分数。

这是以平均数(mean)为零,而以标准差为单位的量表。Z 分数有正数和负数,还有小数点。最高是+3,最低是-3。如果一个分数的 Z 分数是 3,这表示该分数是在平均数以上三个标准差。如果原始分等恰好等于平均数,那么 Z 分数就等于零。很明显的,凡是低于平均数的原始分数,换算为 Z 分数后必带有负号。换算 Z 分数的方法很简单,只要代入以下的公式即可:

Z 分数=(原始分数-平均数)/标准差

假设某学生考得 70 分,而在那次考试中全班分数的平均是 65,标准差是 10.2。那么:

Z 分数=(70-55)/10.2=1.47

2.T 分数。

Z 分数的最大缺点是有负号,解释起来比较不方便。如果把 Z 分数再转换为 T 分数,就可以避免这个毛病。T 分数是以

50为平均数，标准差以10为单位：

$$T\text{分数}=50+10Z$$

譬如某学生得70分，该次考试分数的平均是65，标准差是10.2。那么：

$$T\text{分数}=50+10\times(70-55)/10.2=50+10\times1.47=64.7$$

3.标准9分。

这是标准分数的一种，用1—9分来代表一个分数在一组分数中的地位；最高9分，最低1分，中间分数是5分(即平均数)。如果一组分数大致上是呈常态分配的，我们可以根据以下的百分比将原始分数转换为标准9分：

表1-9

标准9分	1	2	3	4	5	6	7	8	9
百分比%	4	7	12	17	20	17	12	7	4

根据上表，最高的4%分数换算为9分，次高的7%换算为8分，余类推。标准9分的优点是没有负号，没有小数点，其意义容易明白。现在统计虽然多采用Z分数或T分数，但在教学上多喜欢采用标准9分。分数经过统计分析的处理后，虽然能显示它在统计上的意义，但不一定就能反映学生的真正成绩。譬如：一个学生获得百分位数80%，这只表示他胜过80%的同学。又如另一个学生获得标准9分的8分，这也只表示他的分数属于次高的7%罢了。至于试题的素质如何，阅卷员的评分标准如何，考生一般的程度如何等，都直接影响到一个分数的“意义”。所以教师除了要明白分数的意义，并合理地加以解释外，更重要的是努力提高试题本身的素质，划一评分的标准，以便有效、准确地测量考生的程度，同时使各学校的成绩有较划一的标准。

第二章

分项测验及题型设计

第一节　阅读测验

一　考查方式[①]

心理学家和教育测量专家曾根据他们对“理解”的看法，设计了各种不同的考查方式，其中较常用的有下列几种：(1)回答问题。在每段文字下面，列几个问答式的试题，要受试者根据读物的内容回答问题。(2)指出要旨。在每段文字下面，列出四项要旨，要受试者选出最能说明本段意义的一个。(3)预料后果。在每段文字下面，列出四项事件，要受试者根据文意推测哪一项是将要发生的事件。(4)选择大纲。在每段文字下面，列出七八句话，其中只有四句话是该段文字的要点，要受试者选出来。(5)体味精神。在每段文字下面，列举几个形容词，要受试者指出哪个最能表示文中主人公当时的神情或心境。(6)速记内容。要受试者阅读一篇文章，读完后，不准再读，并立刻作答(通常是多项选择式的)。(7)综合式篇章阅读理解测验。根据一篇文章，设计不同考查目标的问题，如词义的认识、要旨的掌握、后果

---

① 本部分及“二　命题原则”部分节选自谢泽文《阅读能力的测量》，《教学与测试》，新加坡华文教师总会，2003 年。

的预料、言外之意的体会等，要受试者阅读该篇章后作答。

在所列的各项考查方式中，有几点值得注意：

第一，除了第一种属于论文式的考查外，其他各种都属于多项选择式的客观测验。可见多数学者都不选择论文式的考查来测量阅读理解能力。

第二，记忆和理解有密切关系，通常对篇章理解得越透彻，越容易抓住中心，记住要点，所以"速记内容"也是测验阅读理解的方法之一。不过在实施这种考查方式时，必须注意时间的控制，让学生读完一遍后，立刻作答。如果时间太充分，受试者可以强记内容，结果所考查出来的，主要不是理解能力，而是记忆的能力了。

第三，所列的"预料后果"和"体味神情"两种方式，通常只适合用来考查学生对记叙文的理解，特别是"体味神情"一项，较适合用于有对话的篇章，如小说或戏剧中的片段。以下是这两种考查法的例子：

甲、预料后果

不幸的事终于发生了。就在林默娘二十八岁的那年，她年老的爸妈，先后得病死了。这使她非常伤心。十多年来，她因为不断地冒着风雨，提灯到海边去，原来就十分衰弱的身体，受了寒风冷雨的侵袭，更加衰弱了，所以没多久

——她常常提着风灯，站在海边的大岩石上。

——她航行到很远的地方去寻找哥哥。

——她自己也因为伤心过度而去世了。

——她听说哥哥已经葬身海底，哭得死去活来。

所引的一段文字，说明了两项事实：(1)林默娘因为父母去

世而极度伤心;(2)她的身体因受了寒风冷雨的侵袭,越来越差。如果受试者看出这两个要点,自然就会预料到她的后果——伤心过度而死。

乙、体味神情

说也奇怪,就在他们祷告了以后,渔船前方的天空上,忽然隐隐约约地出现了一个红火球。渔夫们都以为那就是妈祖的风灯。所以,他们立刻勇气百倍,把定了舵,用力打桨,一面说道:"这是妈祖提着风灯来救我们了!"

当时他们

——惊奇

——热心

——兴奋

——紧张

渔夫们在危难中遇到救星,必然会感到兴奋,所以受试者如果能真正理解这段文字,必然能"体味"他们当时的"神情",而选中正确的答案。这种考查法比"渔夫们祷告后看见什么?"这类试题高明得多。

第四,为了使考查的方式多样化,并考查学生多方面的理解能力,教师应该尝试采用不同的出题方式,而且在一次的测验中采用两三种考查方式。此外,所采用的测验篇章,在体裁方面也应该多样化,无论是议论文、说明文、记叙文、描写文都可以作为测验的材料。

二　命题原则

怎样才能拟设适当的题目?这问题不是三言两语就可以回

答的，以下是值得注意的几个原则：

第一，无论是出问答式还是多项选择式的理解试题，出题者必须细心阅读用作测验材料的篇章，找出篇章的要点以及重要或"关键性"的词句，然后根据这些"要点"和词句设计试题。假如要点太多，就要衡量轻重，选择与文章要旨最有关的来设计试题。

第二，设计每一个试题都应该有明确的目标，换言之，都是为了考查某一个层次的理解能力。如果"为出题而出题"，不管所考查的是什么理解能力，或者是不是理解能力，就会拟设出劣等的试题，结果所考查的可能全属于某一层次的理解能力，甚至根本不是理解能力。

第三，问答式的考查法属于论文式的测验，它的最大缺点是评分不够客观，而且受试者作答时需要通过书写来表达能力，影响了测验的效度。为了纠正这个缺点，问答式试题所要求的答案应该尽量短而且明确，避免出"简述'五四运动'的经过"这类广泛的试题；也不要出"你对作者的看法如何?"这类发挥的试题。同时，试题的数目应该适量地增加，问更多的问题，这样就可以更全面地测量受试者的理解能力。

第四，"理解能力"是相当复杂的，略读能力、精读能力、速读能力等，都有所差别。此外，有些人的逻辑力较强，所以读论说文时很容易理解，读抒情文、描写文时反而觉得很吃力。又有些人，读文学作品时，觉得很容易，但一看到理论性的文章就头痛。所以"理解力"是包括多方面的。如果要测量一般性(general)的理解能力，考查方式就要多样化，测验材料也要多样化。与其选用一篇很长的文章作为测验材料，不如选用几个性质不同的文章片段。这样就可以对理解能力做较广泛的“取样”(sampling)。

第五,拟设有水准的多项选择试题是件很不容易的事,绝不能单靠“命题指引”来把工作做好。但无论如何,一个教师如果能掌握基本的命题原则,在拟设试题时多少是会有帮助的。

这里谈谈最普通、最容易被忽略的几个原则:

首先,答案不要过于明显。在拟设“选择题”时,不应抄录原文作为答案,以免受试者对照原文后就立刻找到答案,譬如:

原文:他小时候,家境贫苦,到处受人轻视……

选择题:他小时候,家境____

A 很贫苦

B 很富裕

C 中等

D 小康

像这类试题,将完全失去考查理解能力的作用。

其次,错误的答案不要错得太离谱。有些教师以为在写“正确的答案”(correct choice)时才要特别小心,其他既然属于“错误的答案”(disactors),自然就可以随便拟定。这种想法是错误的,因为如果错误的答案错得太离谱,就等于告诉了受试者哪一个是正确答案。假设有以下一个试题:

在一个文明进步的社会里,每个人都应该____

A 受过基本的教育

B 为非作歹

C 成为伟大科学家

D 目中无人

试问受试者会看不出哪一个是正确的答案吗?

再次，正确的答案不要太突出。每一个试题所列的几个答案，应该尽可能“一致”，尤其是正确的答案更不可“突出”。如果正确的答案太长或太短，都会引起受试者特别注意。此外，如果正确答案是属于“正方”，而其他答案都属于“反方”，这也等于给了受试者一种暗示。这一点设题者要特别留意。

三 命题策略

(一) 篇章阅读理解试题的编制策略[①]

2010年新加坡小学离校考试转向综合性的评估模式，注重语境并采用真实语料，努力使语文学习更具生活化、多样化的特点。

高级华文“阅读理解二”要求学生回答简答题，篇章要求：(1)贴近学生生活。(2)提供足够信息。(3)以1—2篇记叙文为主。问题要求：(1)考查词语解释/根据解释找出词语。(2)较多高层次思维能力的考查，高层次题目约占30%—50%。“回答的内容”相近时，高层次题目的分值比低层次题目更高。结合篇章内容的表达顺序，题目大致从低层次到高层次安排。(3)题目形式可以多样化，如填写表格、完成思维导图等。(4)设题时要考虑答案，避免重叠。

2008年6月，在教育部的教师培训课程中，对老师讲解了编题要则后，请受训练老师编题。在培训中，其中一个重要的内容是，引导教师编写可评定高层次阅读能力的试题。这是因为，为了适应时代的发展，各地都在进行课程改革，培养学生较高层次的能力。如中国大陆《全日制义务教育语文课程标准(实验

---

① 本部分节选自祝新华《从老师的编题表现讨论华文科篇章阅读理解试题的编制策略》，《新加坡华文教学论文六集》，2009年。

稿)》(中华人民共和国教育部制定,2001)要求引导学生探究性地学习,激发想象力、创造潜能,发展思维、鉴赏等能力(P4)。香港新颁布的小学课程文件《小学中国语文建议学习重点》(教育统筹局,2004)要求培养学生的欣赏能力(P6)、批判性思考能力(P26)、创造性思考能力(P26)、探究和创新能力(P10)、解决问题能力(P26)。新加坡经过国会辩论通过的《华文课程与教学法检讨委员会报告》(新加坡华文课程与教学法检讨委员会,2004)指出,目前华文理解试题一般测较低层次的技能,日后则需测试较高层次的思维技能,如应用、分析、综合及评论等能力因素(P56)。为此,有必要特别强调评估高层次的阅读能力。

在培训活动中,发给教师的是一则记叙性的小故事,当中有十分有趣的对话,对多数小学生来讲,只要没有听过该故事,篇章叙述的便是全新的信息。培训活动要求老师根据编题要求编制五条或以上的问题。

有一天,一个富有的人请城里所有的有钱人吃饭。汉克也收到了邀请。

那天晚上,客人都穿上华丽的衣服出席宴会,只有汉克例外。他穿的是一件旧衣服。

大厅里灯光明亮,大家高兴地谈笑着,却没有人和汉克说话。主人和佣人更对他不理不睬。汉克只好独自坐在一个角落里。

后来,大家围坐在宽大的餐桌旁。用人把一道道菜拿上来,却没有一道摆放在汉克面前。当客人吃得津津有味的时候,汉克却愁苦地饿着肚子。突然,他站起来,离开了座位。他回家换上最漂亮的衣服,再回到宴会大厅。

这时，主人马上热情地握着汉克的手，用人也连忙把食物拿到他面前。汉克夹了一块鸡肉，放进左边的口袋里，说道："吃吧，吃吧，口袋。"第二道菜是牛肉，他夹了一块，放进右边的口袋里，又说道："吃吧，吃吧，口袋。"

大家看了，都觉得莫名其妙。主人问："汉克先生，你这是干什么呀？"汉克回答："我想这些菜都是你们请我的衣服吃的。"

主人听了，脸马上红了起来，连忙向汉克道歉。

——新加坡教育部课程规划与发展司小学华文课程组(2008年)，2008年6月培训讲义

合计收到48个小组教师编制的试题，本文分析编制5题或以上的15小组教师编制的试题。

从总体上看，教师能以本文重要内容出题，并有意识地出一些考核高层次能力的试题。下面结合老师的编题情况，分几个方面提出建议。

1.能力层次。

Anderson, L. W. & Krathohl, D. R. 修订了布卢姆的理论，提出识记、理解、应用、分析、评价、创造等新的认知能力层次。为了更好地体现阅读能力，祝新华(2005)提出针对阅读的能力层次架构(表2-1)。以下便根据这框架统计不同认知能力试题的比例(表2-2)。

一般地讲，从最低层次的复述，到最高层次的创意，考核各种能力层次试题数量之比，应该是一个菱形结构。即考核最低与最高的能力层次的试题都应较少，而中间的则应较多。这次出题，基本上符合这个构想。可减少"解释题""伸展题"。

表 2－1 阅读认知能力层次①

等级	特点	认知
1.复述	认读原文，抄录词句，指出显性的事实	辨认
2.解释	用自己的话语解释词语、表面用意	转译
3.重整	分析、综述篇章内容，辨识表达技巧	分析、综合
4.伸展	引申含义，拓展内容	推论、想象、推测
5.评鉴	评说思想内容，鉴赏语言表达	批判性思维
6.创意	找新方法，提新想法，运用所读信息解决问题	创造性思维

表 2－2 考核不同层次的能力的试题比例

能力层次	题目数量	比例
1.复述	6	6.06
2.解释	30	30.30
3.重整	23	23.23
4.伸展	23	23.23
5.评鉴	9	9.09
6.创意	8	8.08
总计	99	100

2.不同认知能力试卷的编制。

(1)复述题。复述题可找一些重要的显性信息出题。如本篇章有关汉克的衣着、没有食物可吃、用人与主人的表现等。不过如文章很短，又要编制多题，那么这些信息要用来出考核高能力层次的试题，这时只能找相对次要的显性信息出复述题了。

(2)解释题。可找篇章重要词语、难理解意思的词语，要求学生解释。如给解释要求学生从篇章中找出相关的词语，那么

① 祝新华《阅读认知能力层次——测试题型系统的进一步发展》，《华文学刊》2005年第2期。

所给的解释一定要准确。如以“和别人不一样”解释“例外”基本可以，但以“非常开心地品尝美食”解释“津津有味”则有欠准确。另外要注意，所给的解释对找词语不要有明显的暗示，如提供“不明白其中奥妙”要求找出词语“莫名其妙”，当中“妙”字或会泄露天机。

(3)重整题。如计划考核重整能力，不想学生直接抄录原文，题目宜给出明确的要求，如加上“概括”“简要说明”一类的词语。

重整题如要比较信息（可以是相同或相反的信息），可采用表格的形式，使题目显得更为简明，而且有助于学生问答。更可以避免一般问答题不易限定回答范围的情况出现。用表格形式出题，要注意表内文字用法准确，如下表中“穿旧衣”与“穿漂亮衣服”宜分别改为“穿旧衣时”“穿漂亮衣服时”。

	主人的态度	佣人的态度
汉克穿旧衣		
汉克穿漂亮衣服		

(4)伸展题。通常是从言行推论某种隐含的意义。如“为什么汉克会说‘我想这些食物是给我的衣服吃的’?”“汉克把食物放进口袋，说道：‘吃吧，吃吧，口袋。’他这么做有什么用意?”这些都是紧扣篇章核心内容考核所出的伸展题。

(5)评价题。最好找一些学生可以持不同观点的问题提问，使学生有充分发表意见的机会。相反，不要找答案很可能是“一面倒”的问题提问。如“你喜欢这个主人吗？为什么?”学生答案可能相互接近，没有太大的评价意义。

(6)创意题。宜明确要求学生提供篇章以外的做法，可用

“除了篇章内的做法外”“更好地”一类的短语，清楚、明确地表达要求。如“如果你是汉克，除了回家换衣服，你认为还可以怎么做?”学生必须给独到的见解。相反，对于“如果你是主人，你会怎样对待穿旧衣服的汉克?”，从题目要求看，学生完全可以回答“与主人一样”，这达不到考核创意的要求。

“如果你是汉克，主人向你道歉后，你会怎么劝告他?”，这个题目是一个很好的创意题。学生要在理解课文的基础上提出自己的问题，既要基于原篇章，又要高于原篇章。

3.符合文本依属原理。

即读懂原篇章才能答题，相反，学生不看篇章，理解错了篇章，就不能答对试题。如“你认为个人的衣着打扮是不是很重要，为什么?”这个题目，学生不看篇章也可作答，违反“文本依属原理”。

4.根据重要内容出题。

就一个篇章出题而言，有一些试题要针对重要内容出题。这次老师在这方面的表现不错。很多“重整题”概括了篇章主要内容，一些考核高层次能力的问题也能紧扣重要内容出题。如“你认为主人为什么向汉克道歉?”“你认为汉克是一个怎样的人?”两题紧扣主要内容考核高层次能力。在平时的出题中，教师要避免过多地根据篇章细节内容出题，而应该根据重要内容或全篇内容出题。

5.题目要明确。

学生要明白题目要求，知道如何回答才能保证试题的效度。

(1)答题范围适当。如“你赞成汉克的做法吗？为什么?”，题目宜具体说出汉克哪方面的做法。又如“如果你是汉克，你会怎么做？为什么？”，这个题目范围太大，对于什么时候做、怎么做指向不明。

(2)能力层次清楚。如“文中第二段‘客人都穿上华丽的衣服出席宴会，只有汉克例外’这句话指的是什么？”，学生除了可答“穿旧衣服”(解释)外，还可回答“汉克不满穿华丽衣服出席宴会这种习惯”(伸展)。又如“汉克说‘我想这些菜都是你们请我的衣服吃的’这句话的意思是什么？”，学生可根据故事的发展概括“这些菜都是你们请我的衣服吃”的理由(重整)，但也可回答“这是对主人的不满”(伸展)。

6.编题时写评分参考。

出题同时宜写参考答案、评分指引、提供评改方向或实例，这有助于修订试题，并更好地展示要考核的能力层次。特别是对于一些评鉴题、创意题，可给出一些实例，并给出必要的解释。相反，如只指出教师可酌情给分，评分误差会较大。

(二) 通告阅读理解试题的编制策略①

2010年华文离校考试新题型于2008年5月份公布，它是在2006年的过渡性考试基础上设计，具有多方面的特点：应用生活语料设计题目，以促进学生在学习课程后，能在会考中表现自己的真实能力，也能在生活中加以应用；在语境中综合考查学生的真实语言能力，而改变学生单靠死记硬背堆积单字和词语的学习策略；分点式考题包括对字词句的考查；课程目标和考试目标统一，配合课程的目标考查学生的语言能力。

为了使华文老师理解新题型，新加坡教育部课程规划与发

---

① 本部分节选自祝新华《从老师的编题表现讨论基础华文通告阅读理解试题的编制策略》，《新加坡华文教学论文六集》，2009年。

展司于2008年6月进行了第一次大规模的培训。本文从学员完成工作的情况,讨论华文老师在编制新题型中的表现,以及有待改进的地方。

1.教师编制试题。

基础华文试卷一的阅读考试,有一题是要求学生阅读广告、通告、图表等材料,回答三选一的选择题。在培训中,提供以下通告,要求老师编制两个三选一的选择题。

康民小学主办

儿童节庆祝会

日期:2008年10月1日、2日

地点:学校礼堂

庆祝会节目

10月1日

儿童舞蹈表演	(上午10:00—11:00)
儿童短剧	(上午11:00—12:00)
魔术表演	(下午2:30—3:30)
听故事	(下午3:30—4:00)

10月2日

健康体操	(上午9:30—10:00)
水彩画	(上午10:00—11:00)
语文游戏	(下午2:30—3:30)
趣味游戏	(下午3:30—4:30)

(本资料来自新加坡教育部课程规划与发展司小学华文课程组,2008年6月培训讲义)

2.教师完成的试题及其简略分析。

在培训活动中,共有48组老师完成提交了编制的试题。其中两组只编了1题，不符合编2题的要求。根据各小组的编号，采用隔2组选一组的原则，从46个小组编写的题中选出15组试题进行分析。

经过初步的整理，从出题或学生答题所用到信息单元来看，试题可分成三类：(1)基于通告某细节出题。即直接选出篇章的显性信息，如根据时间、地点、日期、活动项目出题。学生只需根据某细节答题。(2)基于两处或多处的部分信息出题，学生需要比较或整合多个细节答题。(3)基于通告的整篇信息出题。主要信息常根据本通告主要告诉我们什么来出题。

3.编题建议。

多数小组能根据培训班中所学的策略编题，但有的小组试题还有较大的改进空间。下面结合编题中存在的问题，提出一些编题建议。

(1)根据不同的信息出题。为了考核理解、概括内容，对某个篇章如设两道题目，则可从以上三类题型中选任何两种。如其中一题基于具体信息出题，另一题则可基于部分或全部信息。一般不宜两题都采用同一类型，特别是都采用第一类的试题。

表2－3 根据不同信息编制的试卷的反搭配

第一类(具体信息)＋第一类(具体信息)	第一类(具体信息)＋第二类(部分信息)	第一类(具体信息)＋第三类(全篇信息)	第二类(部分信息)＋第二类(部分信息)	第二类(部分信息)＋第三类(全篇信息)
2	4	4	2	3

统计发现，有10组编的试题有第一类试题，特别是其中有2组每个试题都属于第一类，即全部根据细节信息出题，考不到概括能力。而另4组为第一类及第二类试题。有第三类试题的只有7组，不到一半。由此看来，有很多老师喜欢就细节信息出

题，而忽视篇章部分或概括全篇内容出题。

(2)要求用多种方法处理信息。不能只要学生寻找显性信息，还可要求学生比较、概括、评价信息，以信息推断信息的深层含义等。为了考核学生的概括能力，考试材料最好不要直接出现概括主要内容的文字，否则重整内容的试题就成了复述题。试题要保证考到分析、综合等高层次能力的要求。①

(3)适当采用反向选择(排除选择题)。采用正向选择题，即两项选项错误，一个选项正确，要求学生选正确的选项。另外，由于通告常有多个事件、地点或活动，有较多的信息，因此，可采用排除法出题，即选用当中相关的信息编制两个正确的选项，然后编制一个错误的选项(如采用篇章没有出现过的信息)，要求学生选出这个不当选项。在所有小组中，有 5 个反向选择题，占 30 个选择题的 1/6。

(4)选项要考虑干扰性。即错误选项不能太明显，有迷惑性。如本通告的地点只有一个，因此难以以此设计干扰项，即不太适合选地点作为考点。相反，由于有多个活动项目及时间，我们可以以此作为考点出题。

(5)确保有一个正确选项。特别是根据全篇通告编写的题目，正确的选项概括要全面，不可遗漏重要的信息。而这些编题，这方面的问题较大。

(6)使试题具有真实性特点。真实性评估是让学生通过解决现实生活中的实际问题来学习而进行的。② 评估尽可能采用

① 新加坡华文课程与教学法检讨委员会《华文课程与教学法检讨委员会报告》，新加坡教育部，2004 年。

② 田慧生、孙智昌、马延伟、陈琴《国内外中小学生学业成就调查与测评研究进展及启示》，《教育发展研究》2007 年第 22 期。

现实生活中的语言问题,或模拟(接近于)现实生活情境中的语言问题,考生在评估中要完成的任务就是在现实生活中可能要解决的问题。[①] 除了语境的真实性,还要注意题目的真实化,选项的真实性,[②]突显其功能,使语文学习更生活化。以下是一些具有这些特点的例子:

- 如果小朋友喜欢运动,他可以参加什么活动?
- 如果10月1日下午才有空,你能看什么?
- 如果那两天你都是三点钟才能到,你能参加什么活动?
- 这则通告是写给谁看的?
- 这则通告可能出现在什么地方?
- 写这个通告的可能是谁?

在分析的30个试题中,有6个真实性试题,占1/5,这符合当代真实性评估的原则(祝新华,2011)。

四 难度分析[③]

近年来,有关阅读教学理论和阅读教学方法的讨论越来越多,焦点主要集中在阅读的认知机理、阅读的微技能等方面,而针对阅读文本难易度的研究,虽有学者涉及,[④]但为数不多。

---

① 祝新华《中国语文真实性评估的策略与方法》,李子建等《建立中国语文科及数学科专业学习社群——理论与实践》,南京师范大学出版社,2011年。

② 潘之欣《语言测试中的多项选择题型》,《外语界》2001年第4期。

③ 本部分节选自罗庆铭《新加坡中学华文会考阅读篇章的难易度分析》,陈之权、张连航主编《理论、实践与反思:新加坡华文教学论文十三篇》,新加坡国立教育学院中文系,2007年。

④ 谢世涯、苏启祯《认字辨词与阅读理解能力》,《语言教学与研究》1992年第4期;梁荣源《阅读教学:理论与实践》,新加坡仙人掌出版社,1992年。

伴随着语料库语言学的发展和电脑科技的进步，对阅读文本的统计分析已经变得越来越简便而高效。如何利用电脑科技对阅读文本进行难度鉴别，使阅读教学和评估更加科学化、规范化，就成为语言教学研究者所关注的课题。

本地华文阅读教学中的文本筛选主要靠教师的经验，选文手段单一，准确性也存在很大差异。本文尝试利用新加坡中小学华文教材词表，通过相关的字词切分和统计软件对新加坡华文会考阅读篇章的难易度进行分析，验证利用词表将阅读文本进行分级的可行性，以期寻求一种快速、简易的测量阅读篇章难易度的方法，提高阅读教学与评估的效率。

（一）阅读文本难易度相关研究综述

1.难易度的定义。

阅读文本难易度的研究在国外已经有七八十年的历史了。有些学者将难易度称为文本的可读性（readability）。Gilliland（1972）将可读性划分为读的难易度、兴趣或强迫度和理解的难易度三类。[①] Klare（1984）认为可读性的内容涵盖三个方面：首先是手写材料或者印刷品的易辨认性，其次是作品趣味性造成的易读程度，再次是作品的写作风格带来的理解难易程度。[②] Klare 所说的“写作风格”其实就是作品的字词使用情况。许建钺等（1992）的定义较为明确，他们认为可读性是指“对具有一定技能水平的读者阅读一篇论文或文章时困难程度的评价”[③]。

---

① Gilhland, J., *Readability*, London: University of London Press Ltd, 1972.

② Klare, G. R., Readability, In P. D. Pearson, R. Barr, M. L. Kamil & P. Mosenthal(Eds.) *Handbook of Reading Research*. New York: Longman, 1984.

③ 许建钺、赵世诚、杜智敏、郑晓齐编译《简明国际教育百科全书：教育测量与评价》，教育科学出版社，1992 年。

换句话说，首先，篇章是否具有可读性，与读者的能力有关，同一篇文章，对水平高的学生适合，可读性很高，而对程度较差的学生可能不具有可读性；其次，可读性需要经过评价加以确定。可读性评价分主观评价和客观评价两种。主观评价可以通过阅读者自己判断完成，这是一种简便易行的办法。然而当阅读对象为特定群体时，对同一篇章的评价就难免会出现莫衷一是的情况。另一种办法是利用专家、学者、教师对阅读文本的可读性进行评价，这种评价的准确性往往会受人为因素的影响，稳定性不高。客观评价是通过对文本的字量、词量、生词数、句子长度、语法结构等语言要素的统计分析后对文本进行的难易度评价，这种评价准确度高，但是确定评价标准较为困难。

关于可读性的内在因素，学者的看法不尽相同，Carrell (1987)认为，可读性包括句法得体性、思想表达的逻辑顺序或修辞方式、篇章层次的话语特征、词汇的得体性及读者的背景知识。[①] Nuttall(1982)则认为可读性常用于指结构和词汇两方面的综合难度，暂不考虑概念方面的难度、兴趣等因素。[②]

可读性的概念是基于读者主体认知角度提出的，它更强调文本难度与阅读对象之间的依存关系。难易度的概念则侧重于文本本身的难度等级，虽然测量难易度离不开读者因素，但它更强调文本难度的客观性。可读性和难易度在强调文本特征时，其内涵是一致的。

---

① Carrell, P. L., Readability in ESL. Birmingham: *Reading in a Foreign Language*, 1987.

② Nuttall, C., *Teaching Reading Skills in a Foreign Language*, London: Heinernann Educational Ltd, 1982.

2.阅读文本难易度研究的重要性。

阅读文本的可读性研究向来受到语言学和语言教育学者的重视,比较一致的看法是,阅读篇章的难度对学生的兴趣、学习效果会产生影响。[①] 阅读篇章难度一旦超出学生实际能力太多,对学生的学习态度和积极性都会不利。学生只有基本上扫清了生词障碍,对阅读文章的理解才有可能。[②] 因此,为了帮助学生阅读,我们必须对文本难度加以控制,应该根据学生的程度选择不同词汇量的阅读材料(梁荣源,1992)。对字词的识读不仅是阅读的基本要求,也是阅读理解的基础。而要达到准确把握篇章难易度的目标,定量分析、对词汇进行分级至关重要(张宁志,2000;林万菁,2006[③])。

3.测量阅读文本难易度的方法。

测定阅读篇章难易度的方法分两大类:一类是根据阅读者对篇章的反应加以判断(reader based);另一类是根据读者以外的因素进行测量和确定(non-reader based)。

采用第一类方法时又存在几种不同的做法。或者是直接让读者对文本难度进行判断,或者通过设定问题来测验读者的理解情况,以此判断阅读文本的难易度。这些方法虽然简单易行,但准确度不高,因为读者往往不容易准确描述自己的理解程度,询问者也不易准确评估读者的反应。采用创设问题的方式时,问题本身的质量往往也会成为难以控制的变量。

---

① 张宁志《汉语教材语料难度的定量分析》,《世界汉语教学》2000 年第 3 期;张卫国《阅读:覆盖率、识读率和字词比》,《语言文字应用》2006 年第 3 期。

② 连先《速读教学:调查与分析》,《外语界》1998 年第 2 期。

③ 林万菁《论词汇分级在语文教学中的重要意义》,《新加坡华文教学论文四集》,新加坡华文研究会,2006 年。

完形填空是主观判断法中较为客观的一种。它采用先抹去篇章中一定数量的字或词，然后让读者复原的方式，测量读者对篇章的理解程度。此法不需创设问题，可以最大限度降低人为因素的干扰，保证测量的准确度。

"完形填空"这个术语最早由美国语言学家 Wilson Taylor (1953)提出。[①] 它的原理源于格式塔趋合理论(Gestalt theory of closure)——即人们具有弥合形状中空缺部分的潜意识。采用完形填空可以测量读者如何通过上下文线索找到恰当的替代词，以恢复和破译间断或残缺信息的能力。Taylor 提出完形填空的初衷是希望借此刻定阅读文本的难易度，但是这种方法后来却被普遍运用在阅读测验上，演变成为一种测试手段。采用完形填空进行华文阅读篇章的难易度测量较早的有 Leong (1972)，后来有谢泽文(1977)、王秀莲(1986)、吴英成(1988)等，他们分别采用删字法和删词法对阅读篇章进行过难度测定，虽然结论各有差异，但都证明了采用完形填空测定华文阅读篇章难度具有一定的可信度。[②]

谢世涯、苏启祯(1992)也曾利用完形填空测试学生的认读能力和理解能力，结果发现学生在阅读华文时，识读能力要远高

---

① Taylor, W. L., Cloze Procedure: A Naw Tool for Measuring Readability, *Journalism Quarterly*, 1953, 30: 415 - 433.

② Leong, S. N., *A Feasibility Study of the Applicability of Cloze Procedure as a Measuring Device for Reading Comprehension in the Chinese Language*. Singapore: Ministry of Education, Singapore NRC NO4, 1972；谢泽文《中文字词在测量篇章难度及学生阅读能力上的效度研究》，香港中文大学教育硕士学位论文，1977 年；Ong, S. L(王秀莲), *The Use of the Cloze Procedure in Assessing Reading Comprehension of Chinese*. Singapore: Master of Education Dissertation, Institute of Education, 1986；吴英成《以克漏字测验探讨新加坡的华语教学问题》，《第二届国际汉语教学讨论会论文选》，北京语言学院出版社，1988 年。

于他们的理解能力。他们的研究成果也在一定程度上支持了Taylor的主张。梁荣源(1992)断言,完形填空只要解决了文章空白处以字为单位还是以词为单位的问题,是完全适合作为测定华文阅读篇章难易度的手段的。

但是,应该指出的是,完形填空法归根结底是一种检验型而非预测型的方法,它始终无法摆脱读者依附的羁绊,当阅读对象发生变化时,测试结果也随之发生改变。这正是完形填空测量法无法获得广泛认同的原因之一。

第二类测量阅读文本难易度的方法是定量计算法,即所谓的"公式法"。它主要是利用各种语言要素,如字量、词量、音节数、平均句长、笔画数、生词量等作为可读性指标,再赋予各项指标一定的权重比例,最后通过公式计算出文本的难易度。"公式法"最早应用在英语文本难度的测定上,后来被借用来测量华文的文本难度。英语难易度公式的主要参照指标是音节数和非常用词比例,或者是两者的结合。Flesch(1949)认为利用每百词的音节数就可以计算出文本的难易度;Spache(1953)的公式则主要依靠常用词和非常用词的比例来确定文本的难度等级。① 而常用词和非常用词的界定主要是通过词语使用频度表决定的。Spache的方法使用了语料库语言学的相关理论和方法,尤以词表的运用最具特色。

哥伦比亚大学的欧文·洛奇(1959)也提出了自己的简化公式。洛奇在研究了平均句长、不同难度词数、介词短语数之间的

① Flesch, R. F., A New Readability Yardstick. Washington: *Journal of Applied Psychology*; Spache, G., A New Readability Formula for Primary Grade Reading Materials, *The Elementary School Journal*, 1953, 53(7): 410-413.

组合关系后，认为只需要一两个要素就可以决定文本的难度。[①]拉特格斯大学阅读中心的爱德华·弗赖斯在1977年对美国小学到中学的100多种教材进行分析，认为阅读文本的难度主要取决于句子的长短和句子中单词音节的多寡。[②]

“公式法”被运用到华文阅读文本难度的测定可上溯到20世纪70年代，Yang(1970)在他的博士论文中以华文文本的单字出现率、句子数与总字数的百分比以及平均笔画数这三项语言要素为指标来测定华文阅读篇章的难度。[③]

张宁志(1991)曾经就汉语教材的难度确定提出过自己的看法，他认为生词量、高频词的比例、语法项目的数量、句式的复杂程度、句子长度、功能项目的数量以及编排顺序与学生实际的相关度、语域风格、文化背景等都会影响到篇章的难度。他采用平均每百字句数、平均句长、非常用字数这三个项目作为测量指标对29部汉语教材进行了难度测定，并分出了教材的难度等级。[④] 虽然作者承认研究的过程带有一定的主观性，但其思路和方法是值得借鉴的。

王佶旻(2006)利用单因素方差分析法对HSK(基础)阅读篇章的可读性指标进行了检验。研究结果显示：句子长度和篇章总字数的多寡与华文篇章的难度没有显著相关。作者因此对利用

---

① Lorge, I., *The Lorge Formula for Estimating Difficulty of Reading Materials*, New York: Bureau of Publications, Teachers College, ColumbiaUniversity, 1959.

② 乐眉云《介绍一种测定英语教材难度的科学方法》，《外语教学与研究》1983年第4期。

③ Yang, Shou-ung. S., *A Readability Formula for Chinese Language*, Unpublished Doctoral Dissertation, University of Wisconsin,

④ 张宁志《浅谈汉语教材难度的确定》，国家对外汉语教学领导小组办公室教学业务部编《中高级对外汉语教学论文选》，北京语言学院出版社，1991年。

英语可读性指标测定汉语文本难易度的适用性提出了质疑。①

"公式法"虽然在欧美国家相当流行,但质疑之声从未间断,主要的批评是针对难易度指标的。影响语言难度的变量实在太多,如何取舍并不容易,要确定各方都能接受的标准化指标尤为困难。另外,"公式法"多半采用的是等距离抽样的方法,无法对所有文本进行全覆盖性统计,其偶然性常遭人批评。

尽管上述研究和方法不尽完善,但其中不乏有益的尝试,尤其是客观、定量的研究方法为今后的阅读难易度研究提供了很好的借鉴。

(二)研究思路

新加坡华文会考与华文教材之间存在着紧密的关联性。由于新加坡目前尚无一份可供参考的词表,新加坡剑桥普通教育证书(普通水准)("○"水准)和(初级水准)("N"水准)的华文会考,向来是以教育部统编的华文教材作为设置会考试题的难度标准。我们认为,如果能有一份词表,并能将它作为选择阅读教学篇章的参照,那对华文教学无疑是一个很大的帮助。正是基于这一点,我们尝试以新加坡中小学华文教材的词语作为我们的词表(下同),首先要认证该词表测量阅读篇章难易度的准确性,若证明可行,那就可利用这份词表检验阅读篇章,以选出符合各级学生阅读水平的篇章。本研究用来接受验证的文本是难易度经过专家确认过的"○"水准和"N"水准会考的阅读篇章,包括综合填空、理解测验和理解问答。如果我们能够证明采用本研究

---

① 王佶旻《HSK[基础]阅读理解难度的影响因素研究》,《云南师范大学学报》(对外汉语教学与研究版)2006年第3期。

方法测量出的文本难易度水平在合理的可读性指标范围内，便能够肯定采用本研究方法测定阅读文本难易度是可信、可行的。

（三）研究对象和研究方法

1.研究对象。

本研究的被测语料来自两类文本。第一类是“○”水准试题（2000—2006）；第二类是“N”水准试题（2001—2006）。

这两类属于国家级考试的试题，文本难度的控制应该是最严格的。“○”水准考试的适合对象是完成中学四年华文学习的快捷课程学生和完成五年华文学习的普通课程学生，“N”水准考试的适合对象是完成中学四年华文学习的普通学术课程的学生。“○”水准与“N”水准学生的学习起点一致，教材也相同，不同之处在于普通学术课程学生的华文程度略低于快捷课程的学生，因此学习进度略慢一些，快捷课程学生四年完成的课程普通学术课程学生需要五年完成，因此“N”水准考试的难度应比“○”水准考试略低。

以上两类材料的共同特点是：文本都是经过严格筛选过的，是人工干预后获得的，至少主观上被认定可以用来作为试卷评估中四、中五学生的华文水平；此外，不同年份试卷之间的难度级别具有一致性和稳定性。

我们选择上述文本的目的在于减少外部不确定因素的干扰，同时也可以避免随意选择文本造成的难度等级检验困难的局面。

所有研究语料来自两类试卷的阅读篇章部分，即综合填空、理解测验和理解问答。其他部分的试题属分项技能测试的内容，不作为本次研究的对象。

具体的语料数量和构成详见下表。

表 2－4 被测试卷的种类和数量

	"〇"水准会考	"N"水准会考	总计
试卷数量	13 套	6 套	19 套

表 2－5 被测语料的分布和数量

	综合填空	理解测验	理解问答	小计
"〇"水准会考	5 949	7 719	9 345	23 013
"N"水准会考	2 307	3 472	3 221	9 000
总计(字数)	8 256	11 191	12 566	32 013

2.研究方法。

本研究借鉴了张宁志和王佶旻的方法和成果,采用统计分析的方法进行研究。由于众多学者都认为生词量是影响篇章难易度的因素之一,因此我们将生词量作为测量难易度的指标,利用词表对被测对象进行覆盖性分布统计。研究中使用的应用软件有:具备中文识别功能的扫描软件(OCR),如汉王文本王(文豪 6800);新加坡教育部科技署研制的字词分析软件(分词软件);视窗 XP 软件;视窗 XP 自带的 Microsoft Word、Microsoft Excel 和 Microsoft Access 等应用软件。这些应用软件将能够进行文本类型转换、自动分词以及数据的统计工作。

(四)研究过程

1.词表的编制。

本词表的语料来自 2002 年新加坡教育部编写的《小学华文》和《中学华文》(快捷课程)课本,共计 13 万多字。这两套教材是新加坡学生必须掌握的,学生在学完《小学华文》后才能参加小六华文会考,参加"〇"水准华文会考的学生则必须学完《中学华文》(快捷课程)。

本词表从严格意义上说是一份学生学习词表,而非水平词表。但由于它具有很强的针对性,因此对测定新加坡学生的阅读语料能起到甄别作用。

根据 2002 年出版的《小学华文》和《中学华文》(快捷课程)课本,我们整理统计出小学和中学各年级的词种数,[①]列表如下。

表 2-6 2002 年版中小学教材生词的词种数

总词种数	小学	中一	中二	中三	中四
8328	4 180	1 263	1 271	1 091	522

2. 难易度标准的确定。

如何界定生词量的比例是非常困难的,中国汉语水平考试(HSK)阅读目标中将 2%—4% 的篇章生词量作为适当的水平,[②]Fry(1981)认为学生在阅读生词不超过 5% 的文章时就不需要老师的指导。[③] Gillet 和 Temple(1986)则将生词量对阅读者的影响分为三个等级:当篇章生词量少过 5% 时,学生自己能够轻松地阅读;生词量在 5%—7% 时,学生必须在教师指导下方能完成阅读;一旦生词量超过 10%,阅读将无法进行。[④] 梁荣源(1992)认为语言知识点阅读教材的新词数量,以 5%—7% 为

---

① 中一的词种数是扣除了小学的词种数后得出的,中二的词种数是扣除了小学和中一的词种数后得出的,中学其他年级以此类推。

② 杨寄洲主编《对外汉语教学初级阶段教学大纲(一)》,北京语言文化大学出版社,1999 年。HSK 教学大纲除了对生词量做出规定外,还规定了新语法的比例,但是文中并未提出语法量的计算方法。

③ Fry, E., *Teaching Faster Reading: A Manual*, Cambridge University Press, 1981.

④ Gillet, J. W. & Temple . C., *Understanding Reading Problems: Assessment and Instruction* (2nd ed), Boston: Little Brown & Co., 1986.

合适;而交际型阅读材料的新词数量,以少于5%为理想。根据上述学者的观点,结合新加坡学生的具体情况,我们认为将"〇"水准试卷的生词量区域值定为5%—7%较为合适。"N"水准略低,为4%—6%。本研究以这一范围作为基本标准。

3.被测语料的切分与加工。

首先,利用扫描仪和OCR技术将书面文本形式的试卷转换成电子文本,以纯文本文件(txt)形式保存。其次,用新加坡教育部科技署研制的字词分析软件对所有被测语料进行自动分词。最后,再将分行排列的分词结果转存为新的文本文件。

虽然华文的自动分词技术已经达到了较高水平,但是歧义切分的情况依然存在。我们在对所有32 013字的文本进行人工校对时,发现并纠正了525个歧义切分。切分失误除了来自交集型歧义和多义型歧义外,人名、地书、机构名和一些熟语也常出现切分错误。由于切分偏误类型分析不属本研究的范围,故不再赘述。

4.被测语料的生词统计。

经过切分后的阅读篇章在进入统计程序之前还必须经过整理,删除篇章中重复出现的词语,这项工作可通过Microsoft Excel统计功能完成。将整合后的语料导入Microsoft Access中,与早先已经导入的词表进行匹配统计,运行后会自动生成一个不匹配词表。最后我们根据剪枝后的生词表,即可计算出篇章的生词率。

5.统计结果分析。

(1)"〇"水准华文试卷难度分析。经过对"〇"水准试卷的统计,我们得到了有关题型的生词量比例。

表 2-7　"○"水准试卷有关题型的生词率

源流	年份	综合填空生词率	理解测验生词率	理解问答生词率	试卷平均生词率
"○"	2000—2005	7.8%	5.1%	3.8%	5.2%
	2000—2011	8.5%	9.3%	6.8%	7.9%
	2001—2005	10.3%	6.8%	3.8%	6.3%
	2001—2011	7.2%	4.6%	6.9%	6.1%
	2002—2005	3.9%	5%	5.5%	4.9%
	2002—2010	7.2%	5.5%	6.9%	6.5%
	2003—2005	4.8%	4.7%	5.5%	5.1%
	2003—2011	8.1%	1.2%	8%	5.4%
	2004—2005	4.6%	6.4%	5.3%	5.5%
	2004—2011	10%	4.2%	11.1%	8.2%
	2005—2005	7.8%	4.3%	7.8%	6.4%
	2006—2005	8.6%	7.9%	7.9%	7.5%
	2006—2011	7.6%	6.3%	7.6%	7.1%
题型平均		7.9%	5.5%	6.7%	6.3%

从统计数据可以看出,"○"水准考试综合填空部分的生词率介于3.9%—10.3%,其中低于5%的考题有3套,占这部分考题的23.1%;生词量在7%—8%的文本达38.5%,比例最高。难度最高的是2001年5月的篇章,生词率超过10.3%。所有综合填空类篇章的平均生词率为7.9%,略高于难度区域值。以下是综合填空篇章在各难度级别的分布情况。

表 2-8　"○"水准试卷综合填空的难度级别分布

生词率	小于7%	7%—8%	8%—9%	9%—10%	10%—11%
篇章数	3	5	3	1	1
比例	23.1%	38.5%	23.1%	7.7%	7.7%

理解测验13套理解篇章的生词率介于1.2%—9.3%,全

距高达 8.1%，显示有个别篇章出现太容易或太难的特殊情况。从平均难度看，理解测验为 5.5%，比综合填空容易许多，接近于难度区域值的下限。有 84.6% 理解测验篇章难度在 7% 以内，比综合填空的 23.1% 高出 3 倍。

表 2-9 "○"水准试卷理解测验的难度级别分布

生词率	小于 7%	7%—8%	8%—9%	9%—10%	10%—11%
篇章数	11	1	0	1	0
比例	84.4%	7.7%	0	7.7%	0

理解问答的难度介于综合填空和理解测验之间。生词率最低为 3.8%，最高为 11.1%。平均生词率为 6.7%，属于中上难度。具体难度级别分布为：生词率在 7% 以下的篇章占这部分全部篇章的 61.5%，除一篇阅读文章难度特别高之外，其他篇章的难度都在 8% 以内。

表 2-10 "○"水准试卷理解篇章的难度级别分布

生词率	小于 7%	7%—8%	8%—9%	9%—10%	10%—11%	11%—12%
篇章数	8	3	1	0	0	1
比例	61.5%	23.1%	7.7%	0	0	7.7%

从总体上看，"○"水准会考的难度在合理的区间内，但内部各试题之间存在差异，其中综合填空的难度相对较高，为7.9%；理解问答次之，为 6.7%；理解测验最低，为 5.5%。这基本上符合标准化考试试卷难度呈梯级分布的要求和规律。

从横向比较看，虽然试卷内部偶尔出现个别篇章较容易或偏难的情况，但就整份试卷而言，难度水平没有出现过分两极化的倾向，显示出出题者人为控制和干预试卷难度的迹象。例如 2001 年 5 月"○"水准考试综合填空的生词率达到 10.3%，属难度很高的篇章。但是同一份试卷的理解问答却是一篇很容易的文章，生词率只有3.8%，这使得整份试卷的生词量控制在6.5%的合理水平。以下是各年度试卷难度级别的分布情况。

表2－11 "○"水准各年度试卷的难度级别分布

生词率	4%—5%	5%—6%	6%—7%	7%—8%	8%—9%
篇章数	1	4	4	3	1
比例	7.7%	30.8%	30.8%	23.1%	7.7%

数据显示，"○"水准华文试卷的难度等级总体上是合理的。在总共13套"○"水准试卷中，平均生词率为6.3%，其中有8套试卷的生词率在5%—7%的合理区间内，占全部试卷的61.6%；一份试卷生词率为4.8%，稍微偏易，另外有3套考卷的平均生词率为7.1%、7.5%、7.9%，略微偏难一些，占23.1%；真正较难的试卷只有1套，生词率为8.2%，占7.1%。

(2)"N"水准华文试卷难度分析。以下是"N"水准试卷的生词率统计结果。

表2－12 "N"水准试卷有关题型的生词率

源流	年份	综合填空生词率	理解测验生词率	理解问答生词率	试卷平均生词率
"N"	2001	3.5%	3%	5.6%	4.0%
	2002	9.7%	4.4%	9.2%	7.1%
	2003	7.4%	4.7%	4.5%	5.2%
	2004	2.5%	9.9%	2.8%	4.9%
	2005	9.6%	3%	2.8%	4.5%
	2006	3.4%	7.2%	1.3%	3.9%
题型平均		5.9%	5.0%	4.1%	4.9%

从综合填空看，有3篇文章的生词率少于4%，占50%。其中最低的是2004年，生词率仅为2.5%。其他3篇文本的生词率却超过7%，有2篇甚至高达9.6%和9.7%，而生词率在5%—7%的篇章却没有，产生了两极化的倾向。请看下表。

表2-13 "N"水准试卷综合填空的难度级别分布

生词率	2%—3%	3%—4%	4%—5%	5%—6%	6%—7%	7%—8%	8%以上
篇章数	1	2	0	0	0	1	2
比例	16.7%	33.3%	0	0	0	16.7%	33.3%

与"○"水准考试的同类试题比较，"N"水准的难度有所降低，"○"水准综合填空部分的平均生词率为7.9%，而"N"水准只有5.9%。但是"N"水准试卷中却有两篇的生词率超过9%，这在"○"水准考试中也属较难的，这种情况的出现应该是不太正常的。

"N"水准考试理解测验的平均生词率为5%，比综合填空低了0.9%。其中有两篇文章的生词率为3%；2篇在4%—5%，低于5%—7%控制标准，合计占篇章总数的66.7%；另外1篇的生词率为7.2%，略微超过7%的生词率上限。这篇文章对"○"水准考生可能适用，而作为"N"水准考试试卷就偏难了。还有1篇的生词率更是超过9%，实属超难的阅读篇章。理解测验各级别分布见下表。

表2-14 "N"水准试卷理解测验的难度级别分布

生词率	3%—4%	4%—5%	5%—6%	6%—7%	7%—8%	9%以上
篇章数	2	2	0	0	1	1
比例	33.3%	33.3%	0	0	16.7%	16.7%

与综合填空篇章比较，理解测验篇章的难度分布趋向合理，有66.7%的篇章生词率在3%—5%，比综合填空高50%；难易等级分布虽然还有两极化倾向，但幅度有所缩小，全距和标准差的值都有所下降。

“N”水准试卷理解问答的难度与其他两种题型相似，同样表现出难度分布不均衡的特征。生词率高低之间的差距更大，其中2002年的篇章生词率达到9.2%，而2006年的篇章的生词率却只有1.3%，全距达到了7.9%。其他各年度试题的难度值在2.8%—5.6%，属合理水平，平均生词率在三种题型中最低，只有4.1%。具体情况见下表。

表2－15 “N”水准试卷理解问答的难度级别分布

生词率	1%—2%	2%—3%	3%—4%	4%—5%	5%—6%	6%—7%	9%以上
篇章数	1	2	0	1	1	0	1
比例	16.7%	33.3%	0	16.7%	16.7%	0	16.7%

从三种题型之间的比较看，生词率还是比较均衡的，虽然有四年的考卷在个别题型上出现了生词率难度偏高或偏低的特殊情况，但除了2002年有两种题型同时出现生词量偏高的特例外(7.1%)，其他年度的平均生词率都在3.9%—5.2%。考虑到“N”水准学生程度略低于“〇”水准学生的实际，这种难度水平是合理的。

“N”水准试卷各题型的平均生词率分别为4.1%、5.0%和5.9%，总平均生词率为4.9%，略低于规定的难度区域值，属于难度偏低的题目。

(3)两类试卷的难易度分析。我们将“〇”水准和“N”试卷的有关项目进行比较，其结果如下。

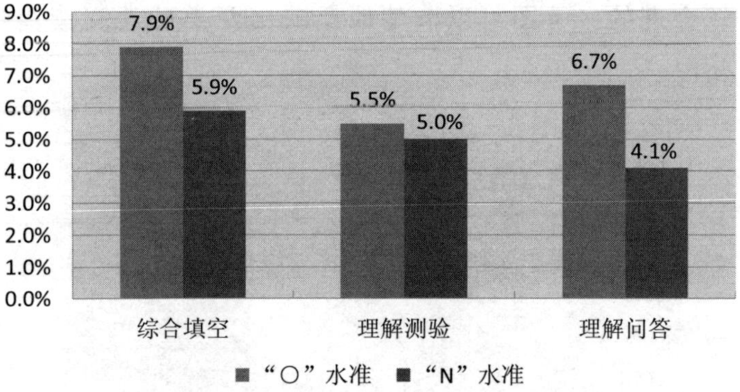

图 2－1　两类试卷的分项难度比较

“○”水准和“N”水准综合填空篇章的生词率分别是 7.9% 和 5.9%，是两类试卷中难度最高的一个题型。“○”水准的生词率大于 5%—7% 难度标准的上限，表明在该题型上“○”水准的难度偏高，而“N”水准的难度级别虽在合理范围内，但也高出理解测验、理解问答 0.9% 和 1.8%。这再次证明了综合填空是新加坡学生华文学习难点的说法。

“○”水准和“N”水准理解测验篇章的生词率分别只有 5.5% 和 5.0%，均在合理范围内，而且两类题型中难度区域值最为接近。这反映出两类试卷在该题型上难度差别不大，“N”水准的难度只是略低于“○”水准，而与综合填空、理解问答项目相比，“○”水准在这一项上显得较为容易。

“○”水准和“N”水准理解问答篇章的生词率分别是 6.7% 和 4.1%。“○”水准的难度级别在合理范围内，而“N”水准该项目的难度级别仅为 4.1%，是三种题型中难度级别最低的。

虽然“○”水准和“N”水准各项题型的难度级别存在一定的差别，但若将试卷中阅读篇章综合起来比较，其难度级别还是比较合理的。下图可以清楚地反映出两类试卷阅读篇章的难度状况。

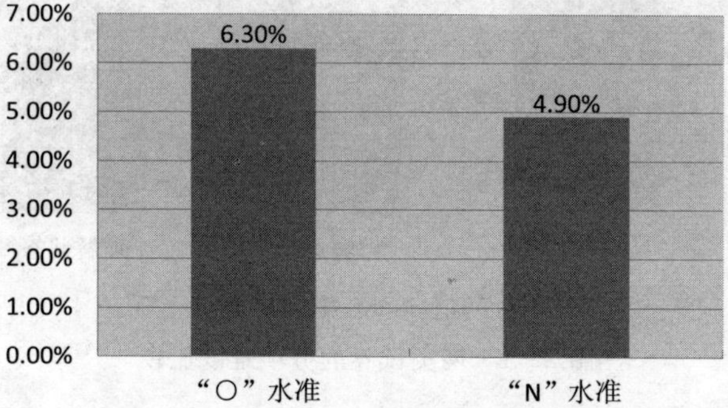

图 2-2　两类试卷的生词率比较

"○"水准阅读篇章的总体难度是 6.3%，在相当合理的范围内，而"N"水准阅读篇章的总体难度是 4.9%，介于 4%—6%的合理范围。这虽然符合"N"水准试卷的难度级别低于"○"水准的要求，但也表明了"N"水准与"○"水准的难度存在着较大的差别。

（五）讨论

1.研究路径。

本研究所采用的是验证型的研究路径，在论证过程中首先确定研究对象的性质和范畴，然后使用规定的标尺对研究对象进行检验，以证明两者之间的相关性。这种方法简单且易操作，不仅可以避免因对象不确定而造成验证困难的局面，而且能够保证结果的可信度。

我们所选的阅读篇章都是经过人工筛选过的，文本难度已经得到了专家确定。特别是"○"水准试卷和"N"水准试卷属于国家级水平考试试卷，信度和效度应是很高的。我们选择这样的研究文本,可以省去后期人工验证的程序。

"○"水准考试与"N"水准考试之间存在层次性,这种层次性应该在文本难度上有所反映。如果能在研究过程中证明这种层次的存在,对研究方法、研究过程的可信度都是有利的。

2.结果分析。

根据前文的统计数据我们得出以下初步结论:

(1)篇章生词量与它的难度等级存在着正相关性。即生词比例越高,篇章的难度也越高。从统计结果看,"○"水准考试的生词率高于"N"水准考试。"○"水准试卷与"N"水准试卷之间的难度差距较大,达到1.4%,级差明显。检验结果与实际情况是吻合的。上述等级差别不仅反映在试卷的平均生词率上,试卷内部相关题型之间的等级差异也在相互比较过程中得到了验证。从下图可以看出,"N"水准试卷的生词率普遍低于"○"水准试卷,等级差别十分明显。综合填空的等级差分别为2.0%,理解测验为0.5%,理解问答为2.6%。除了"○"水准理解测验的级差较小外,其他题型的级差都在1.7%以上。

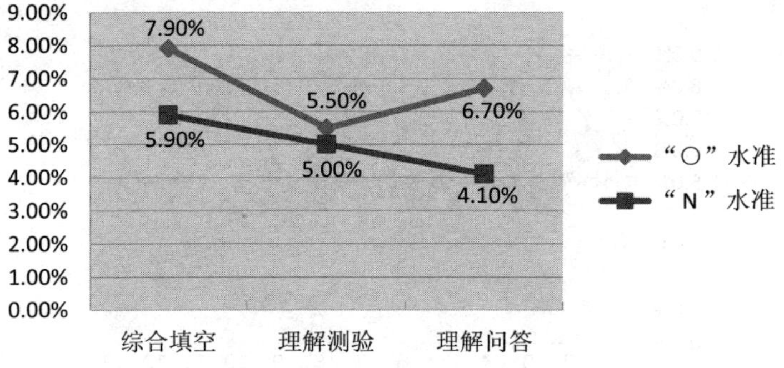

图2-3 两类试卷的难度等级比较

(2)两类试卷的篇章生词率都在控制的区间内,显示文本的难度是受控制的。这也从侧面证明了我们的统计方法和统计结果具有可信度,否则不同年份的试卷难度不会如此一致。这种结果也与考试的目的和出题者的意图相契合。从两类试卷的统计数据分析来看,虽然在个别题型内部偶尔会出现生词率偏高或偏低的极端个例,但总的比例不高。据统计,难度偏离标准值("○"水准 5%—7%,"N"水准 4%—6%)的篇章占全部篇章的比重分别是:"○"水准 12.8%,"N"水准 27.8%。这样的比例属于合理水平,尤其是作为甄别性的考试,设立一些难度偏高的题目,以此拉开考生的分数等级,也正好从另一方面反映了出题者的愿望。

从试卷难度稳定性的角度看,不同年份试卷的难度应该保持相对的一致性。这样才能保证会考的信度和效度。从"○"水准和"N"水准的各年平均生词率看,集中度都还是相当高的。"○"水准考卷的平均生词率是 6.3%,标准差为 1.0953%。有 61.5%的篇章难度在 5%—7%的合理区间,虽有部分试卷难度超出 5%—7%的范围,但幅度有限。请见下图。

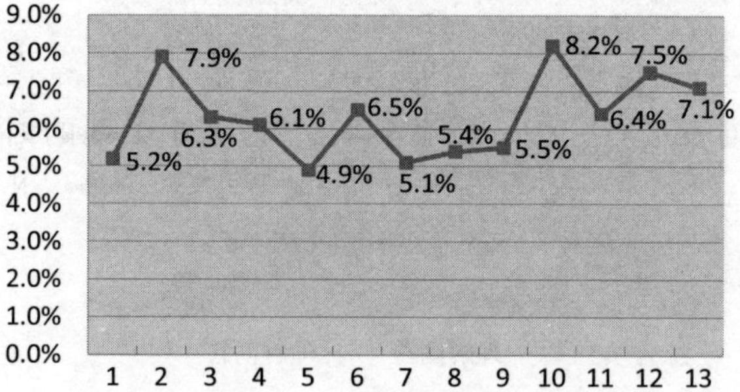

图 2-4　13 套"○"水准试卷的难易度比较

"N"水准试卷的实际难度区间为3.9%—7.1%。有66.7%篇章生词率在4%—6%，只有2002年的试卷偏难，生词率为7.1%。这种分布显示出试卷难度区间集中，稳定性较高。

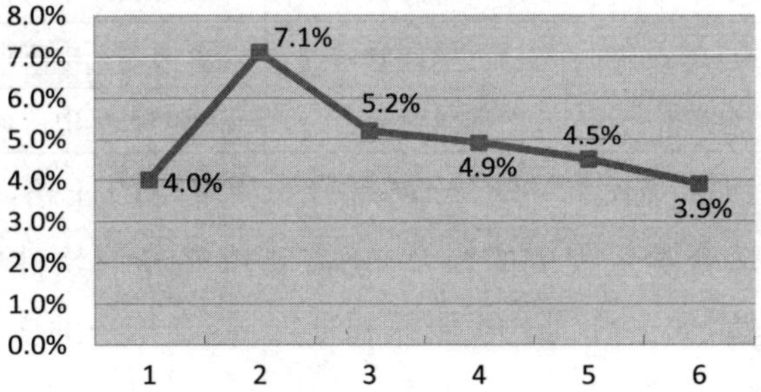

图2-5 6套"N"水准试卷难易度比较

（六）余论

阅读文本的难易度分级研究对阅读教学和评估具有非常重要的意义，利用词表和电脑应用软件进行语料难度测定是一种新的尝试。从本研究的结果看，验证的准确度令人满意。我们认为这条研究道路是值得走下去的。

既然运用词表进行覆盖性篇章生词统计可以帮助我们确定语料的难易程度，那么在实际的教学过程中，我们也可运用词表，通过扫描，准确、有效地选出适合学生阅读的篇章。具体设想是，将词表进行分级，以《小学华文》课本中出现的词语为基本词语，编成"基本词表"，然后再将中学课本的词语按照年级分成四个等级。从中一课本中提取出小学课本里未出现的词语组成生词表，再将中一生词表同基本词表合并构成一级词表，一级词表代表了中一学生应掌握的词汇量水平。以此类推，最终完成一到四级词表的编制工作。

表 2－16 研究词表的构成

研究词表	基本词表	小学词表
	一级词表	基本词表＋中一词表
	二级词表	一级词表＋中二词表
	三级词表	二级词表＋中三词表
	四级词表	三级词表＋中四词表

当然，对待选篇章进行分词是另一项艰巨的任务，利用词表扫描选出适合学生程度的篇章，还需要依靠分词软件的准确性和易操作性，如果分词工作能顺利进行，篇章筛选的实用性将会大大提高。

另外，我们也发现，研究过程还存在一些不足和缺陷，主要表现在：

1. 词表的可信度问题。

我们所采用的研究词表是根据 2002 年新加坡教育部课程发展署编写的中小学华文课本提取编制的。虽然我们通过与中国 HSK 词表的比较，证明两者的相关度达 60%左右，①但它充其量只是一份学习词表，而非真正意义上的水平词表。用它来检验新加坡学生的学习情况也许适合，但是一旦离开新加坡的语境，可信度相信会降低。因此研制开发新加坡本地的分级词表，是新加坡华文教学走向标准化、规范化的当务之急。

2. 分词失误率依然存在。

分词失误长期以来一直是制约华语语料库研究的瓶颈之一，大量的人工校对不仅耗时，而且还会因为分词标准前后矛盾

① 罗庆铭《阅读文本的筛选与分级研究》，新加坡南洋理工大学国立教育学院硕士学位论文，2007 年。文中对研究词表和 HSK 词表进行了比较、分析。

而造成二度失误的情况，这一技术上的缺陷使得我们的研究结果短期内无法达到实用的水平。

3.影响篇章难易度的指标。

我们的研究只取生词量作为参照指标，这是否可以作为检验阅读文本的充分条件还需要进一步的检验。到底有多少因素会影响阅读文本的难易度，如果还有其他可能因素，那些是什么？重要程度如何？这些都需要确认并进行检验，这正是我们今后要努力的方向。

第二节 听力测验[①]

目前，一些华语听力测验（Listening Comprehension，也叫听能测验）似乎还停留在 Rubin 等人（1982）所说的："只是以口头的方式，模仿阅读测验的模式，而丝毫未显示出聆听技巧本身所具有的特点。"[②]例如：有些听力测验试卷，都是听力理解篇章，问题和选择都出现在听力测验试卷上。考生一边听录音，一边看着试卷上的问题并从三至四个选择中找出正确的选择。然后，考生可以在重播一次篇章的时候，再审查答案。

从这些听力测验的出题方式，我们发现其中一个比较严重的弊病，正如 Lundsteen（1979）所批评的那样："读出一段文章，

---

① 本部分节选自何子煌《探讨华文听力测验的改革》，新加坡华文研究会编《新加坡华文教学论文二集》，2001 年。

② Rubin, D.L. Daly, J., McCroskey, J.C., & Mead, N.A., A Review and Critique of Procedures for Assessing Speaking and Listening Skills among Preschool through Grade Twelve Students. *Communication Education*. 1982, 31(4): 285 - 303.

考生必须阅读多项选择题作答的方式，实际上是阅读和聆听的混合形式；但这种衡量方法，有时不需要听材料就能回答测验中的许多问题。”[①]另外，我们也无法知道究竟要考查学生的什么聆听技能及其层次。

以目前新加坡的华文教学的大气候正朝向以听说为主、读写为辅的时代，听力测验应考查什么？通过什么方式？将是个非常重要的课题。

聆听能力是可以测量出来的吗？许多人对这个问题抱着怀疑的态度。现在不妨从英语听力测验的探讨，作为改革华语听力测验上的参考。第一个以实验证明听力测验是可以将聆听能力测量出来的人是 Blewelt(1951)。[②] 他采用选择题方式，编制了一个学院水平的听力测验，通过录音带进行。结果该试卷的信度是 0.81。第一部分分卷测量即刻回忆与事实的，是 0.76；第二部分分卷测量做总结、推理和识别说话者的态度，信度是 0.75。

根据 Buros(1959,1965,1972)评论[③]里的记载，在第一语文(英文)方面，最早且最著名的是 Brown & Carlsen(1955)[④]的听能测验。这是由一组人编制的，内容分五个分卷(sub-test)：

---

① Lundsteen, S. W., *Children Learn to Communicate Language Arts through Creative Problem Solving*, Englewood Cliffs, N.J., Prentice-Hall, 1979, 81.

② Blewelt, T., An Experiment in the Measurement of Listening at the College Level, *Journal of Educational Research*, 1951, 44: 575 - 585.

③ Buros, O.K., *The Fifth Vental Measurement Yearbook*, Highland Park, N.J., Gryphon Press, 1959; Buros, O.K., *The Sixth Mental Measurement Yearbook*, Highland Park, N.J., Gryphon Press, 1965; Buros, O.K., *The Seventh Mental Measurement Yearbook*. Highland Park, N.J., Gryphon Press, 1972.

④ Brown, J.I. & Carlsen. G.R., *Brown-Carlsen Listening Comprehension Test*. New York: World Book Co, 1955.

(1)即刻回忆;(2)听从指令;(3)识别句子变化;(4)从多项选择中识别词语的意思;(5)听课理解。

不过,这份 76 题的试卷的某些部分,有些学者认为仍存有缺点。尤其是“听力理解”部分,由主考员念稿;在整份试卷的前半部,几乎都是考查记忆数字和简单计算的能力。这两部分,常是遭受非议的地方。①

Spearitt(1962)就指出:这试卷和一般聆听理解测验一样,自始至终都是在测量记忆和推理的能力。② 同样的缺点也出现在美国教育考试服务处(Educational Testing Service)编印的听力测验(STEP Listening Test,1957)里面。这份测验分四个水平,从第 4 级到第 14 级(grade 4—14),分别考查学生的三种能力:(1)听觉理解;(2)意义的理解;(3)评价与应用。测验的形式是采用选择题方式,内容包括故事、争论、解说和指令。此外,还有文学的题材,包括诗歌和散文。

对于听力测验的方法,学者们的意见分歧。Nichols(1954)在分析影响聆听技能的因素时指出:所谓理解技能主要是两类,即领会性和思考性。③ 前者包括观察、记忆细节和听从指令的能力;后者包括辨识话语中有组织的成分,从次要的观念中去辨别主要的思想和推论的能力。④

---

① Kennedy, G. D., *The Lest of Listening Comprehension*, Singapore University Press for SEAMEO Regional Language Centre. Chapter 4, 1978.

② Spearitt, G. D., A Factorial Analysis of Listening Comprehension, Sydney: *Australian Council for Educational Researcher*, 1962, 89 - 92.

③ Nichols, R. G. & Lewis, T., *Listening and Speaking*, Dubuque, Lowa: Willam C. Brown Company, Publishers, 1954, 13 - 15.

④ Wilkinson, A., Research in Listening Comprehension, *Educational Research*, 1969, 12: 140 - 144.

有人认为，还应包括记忆和解决问题的技能在内(Kennedy,1978)。Davis(1968)也列出8种主要的理解技能：(1)回忆词语的意思；(2)从语境去辨别词义；(3)从问题中找答案；(4)从内容去编排想法；(5)从内容去做推论；(6)辨识作者的意图、态度、语气、语调和心情；(7)辨识作者的写作技巧；(8)理解篇章的结构。① 此外，还有人主张从内容、语境去推测意思，考查语音、语法和词汇，了解交际双方的关系等方面去测量聆听能力。②

不过，Kelly(1965)对当时使用的听力测验始终抱着怀疑的态度。③ 一年后，他明确地说："目前广泛使用的听力测验并不能准确地衡量出这门独特技能的程度。"他又指出："到目前为止，研究人员搞出的统计方法，仍无法证实听力测验的准确性。事实证明，目前推广使用的听力测验能衡量出一些基本因素，但是，那些准确性高的测验，不包括听能，也能衡量出相同的基本因素，而且准确性更高。"④

在13年后，Larson等(1978)对听力测验做出批评的总结时说："目前使用的听力测验中，似乎还没有一份能够达到适当

---

① Davis. F. B., Research in Comprehension in Reading, *Reading Research Quarterly*, 1968, 3: 499-545.

② Wilkinson, A. & Stratta, L., Listening Comprehension at 13 Plus, *Educational Review*, 1970, 22: 228-242.

③ Kelly, C. M., An Investigation of the Construct Validity of Two Commercrally Published Listening Tests. *Speech Monographs*, 1965, 32, 139-143.

④ Powers, D. E., *Considerations for Developing Measure of Speaking and Listening Collete*, Entrance Examination Board, New York, 1984; Kelly, C. M., Listening: Complex o Activities-and a Unitary Skill? *Speech Monographs*, 1966, 34, 455-465.

的水平;我们怀疑这些测验,是否能衡量出听力的水平。”[①]

普遍采用的听力测验常会收到批评,主要的原因正如 Rubin 等(1982)所说的:“他们只是以口头的方式,模仿阅读测验的模式,而丝毫未显示出聆听技巧本身所具有的特点。”Lundsteen (1978)也认为,以前鼓励读出一段文章,考生必须阅读多项选择题作答的方式,实际上是阅读和聆听的混合方式;但这种衡量方法,有时无须听材料就回答测验中的许多问题。许多学者也认为,提出阅读选择题的做法,实是使听力测验产生严重混淆的一个因素。[②]

虽然 Daneman 等(1982)曾指出:除了视察的理解分析外,聆听和阅读两者似乎都涉及类似的过程,其中包括词语的掌握、速度、从语义上综合各种资料的效率,以及在记忆过程中对资料的记忆力。[③] 但事实证明,阅读和聆听之间虽有许多共同点,但也有许多地方不一样。[④] 主要不同的地方有以下几点:(1)接受信息的对象和渠道不同,因此,对背景情况的了解不同;(2)视觉和听觉的功能不同;(3)时间和环境不一样,阅读有灵活性,听话却有局限性。因此,阅读理解测验和听力测验在设题技巧和方

---

① Larson, C., Backlund. P., Redmond, M. & Barbour, A., *Assessing Functional Communication*, Urbana, III: reic Clearinghome on Reading and Communication Skill: and Falls Church, Va: Speech Communication Association, 1978.

② Anderson, H.M. & Baldauf, R.J., A Study of a Measure of Listening. *Journal of Education Research*, 1963, 57(4), 197 - 200.

③ Daneman, M., Carpenter, P. A. & Just, M. A., Cognitive Processes and Reading SkiIls. In B.A. Hutson (Ed.), *Advances in Reading / Language Research: A Research Annual*. Vol. 1. Greenwich, Conn: Jai Press, 1982.

④ Devine, T.G., Listening: What Do We Know After Fifty Years of Research and Theorizing? *Journal of Reading*, 1978, 21: 296 - 304;张鸿苓等《语言教学方法论》,北京师范大学出版社,1984 年。

式上，应有所不同。

另一个令人关注的问题就是，作为第二语文的听力测验，其内容是否应和第一语文的一样？根据一般学者的看法，第二语文的听力测验，比较上较受语言学的影响，而倾向于强调口语理解和句子结构理解，但通常是和第一语文一样（Kennedy，1978）。不过，Lado（1961）却有不同的意见。① Lado（1957）根据一般人对英语口语理解的困难，为美国大学入学考试设计了一份英语试卷，作为第二语文听力测验，在60题的内容中，包括了语音辨别、语法规则和词位的知识。② 过后，他（1961）建议：第二语文的听力测验应和第一语文的不同。他表示，在外语听觉理解中，是指在交际情境中对语言信号的成分加以控制和识别，如果单句太长，将是测验记忆多过理解。阅读理解不会有语音辨别的问题，但聆听理解却有，尤其是对第二语文学习更是重要。而且，他还提出一个跨文化理解的概念。他的看法，在20世纪60年代中很有影响力。

-美国托福考试的听力测验，已有30多年的实践，它的可靠性（指成绩的稳定性）基本上令人满意。该考试的听力测验的目的，是要测量"理解美国口语的能力"。因此，测试的基本内容，大都是围绕在美国大学生的衣、食、住、行、学习、文娱体育活动等的日常生活中所运用的口语。它共有三方面的特点：(1)不只要考生理解试题的语法结构和词汇，还必须了解试题内容的社会文化背景。(2)托福考试虽属分立式测验，但它并不孤立地

---

① Lado, R., *Language Testing: The Construction and Use of Foreign Language Test*, 1961. London: Longmans, 1961.

② Lado. R., *Test of Aural Comprehension*, Ann Arbor: G. Wahr Publishing Co., 1957.

测量考生的词汇。考生不只要对单句做出反应,而且还要综合理解有一定情景的对话,和几段有一定题材的连贯性讲话。(3)特别注意口语。为了利用口语的特点,和尽量减少文字在听力测验中出现,因此,在答案中,经常有省略句,有时甚至只有概括大意的一个单词。同时,它综合了辨音和理解两方面的要求,一些在听觉上容易产生错觉的近音词和一词多义现象,常用来干扰考生。①

在标准语速和只能听一遍的情况下,这些特点都将成为考生在作答时所要应付的问题。

根据以上的论述,可以清楚地看到英语听力测验的试卷设计,都是有所继承和发展的。不过,要在新加坡设计一份华语听力测验,牵涉的问题较为复杂。因为华语对华族的学生来说,虽是学校的第二语文,但对大多数学生的家庭语用来说,还是最常用语;而对某一些学生来说,却可能是第二常用语,或可能不是家庭用语之一。因此,在试卷设计上所要考虑的问题相当多,尤其是一些涉及文化背景的谈话。

从以上的讨论,也发现英语听力测验已设计许多聆听"微技能"的考查。Weaver(1972)在《人类听力:过程与行为》一书中谈及的聆听"微技能"共有 41 种;而 Munby(1978)从领会和表达两个角度,把语言技能分成 54 种,在此基础上又列出许多微技能,共有 270 条;而 Hethold(1983)和 Devine(1978)也从教学角度列出许多听力微技能。这些研究,对华语听力测验的编

① 左焕琪《TOEFL 的结构及其成绩的评估(上)——中国人应试 TOEFL 要注意什么?》,《国外外语教学》1983 年第 3 期。

制设计，将有很大的启发作用。①

言语理解的认知过程主要可分为两个阶段：初步意思的理解和进一步意思的了解。换句话说，就是从理解词句和话语的外部意思体系，过渡到理解话语内部的意思，及理解话语所包含的动机、意图等。这两个阶段，如果按照“理解的发展水平看，它可分为直接的理解和间接的理解两类”②。初步意思的理解，可归入直接的理解范畴；在这个阶段，理解是不要经过间接思考的过程。而进一步意思的理解，可归入间接的理解范畴；在这个阶段，理解是以事先的思考为根据的理解过程，是要经过一系列的阶段。

因此，我认为，聆听能力的考查层次，可依次划分为四个：听记、听解、听辨及听测的考查层次。前三者属直接理解的层次，后者则属间接理解的层次。这四个层次亦可作为我们制定听力测验取材的理论指引。兹分述如下：

听记层次，是一种从音到义的转译过程。以聆听理解的层次来说，这是最低的层次。言语的理解，通常是从感知语音开始。聆听者会把听觉收到的语音和语音知识结合起来，先从一个词的语音出发，检索出它所代表的意思；然后再从话语中去理解其意义。在这个过程中聆听者往往会从记忆中抹去原话的具

---

① Weaver, C. H., Human Listening: Processes and Behavior. Indian Apolis. Ind, *Bobbs-Merrill*, 1972.10－11; Munby, John, *Communicative Syllabus Design*, London: Cambridge University Press, 1978; Methold, K., Listening Comprehension, *Transfom*, 1983, 6, Hong Kong, Longman Group (Far East) Limited; Devine, T. G., Listening: What Do We Know After Fifty Years of Research and Theorizing? *Journal of Reading*, 1978, 21: 296－304.

② 朱智贤、林崇德《思维发展心理学》，北京师范大学出版社，1986年。

体词语，只记大意。因此，在此层次运作中，聆听者只要注意力集中，具有一般的转移能力，就能对话语有最表面的理解。虽然，他可能不能对传意内容完全理解，但对传意内容中有关的事件、人物、团体名称、时间、日期、地点等的记忆、回想或再认，应该是不会有困难的。所以，在听力理解的听记题里，可考查学生对聆听材料、传意内容的注意力，及对信息细节的注意及记忆。不过，应注意的是，聆听材料不宜过长，因为人的记忆负荷量有限。①

听解层次，是指对语词、语句、句意以及整个话语意义的理解；这是聆听理解层次中最重要的一个环节。人们在听取较长的讲话时，不只要听懂其中片段的内容，而且还要把握话语的内在逻辑、语境，才能理解及记住关键的语句（说话者传达的最主要的信息）。在话语理解的过程中，人们往往会用一系列的心理对策手段。从句子结构到语义的不同角度，去听辨句子；②会用认知策略。将语流先做粗略的分割、分序，使之能抓住主要的信息，加以理解；或紧跟着说话者的思想脉络去理解；然后，将概念综合归纳而做出判断或推论，而不是详细地分析每个句子的成分。所以，在听力测验的理解题里，可考查学生对话语内容的理解和推论。例如：对关键词的词义、实词属性、事件发展、人物行

---

① 心理学家认为，短期记忆的能力是有限的。通常，一个人只能记 8 个不相关的数字，或 7 个不相关的字母，或 6 个不相关的单词。不过，心理语言学家的实验表明，如果输入的材料是有意思的，则其保存在短期记忆里的分量会大大增加。例如一个有 20—25 个词的句子，都可以储存在短期记忆里。但储存在短期记忆里的材料，有时也不一定是按照原来话语的次序。

② Clark H. & Clark E., *Psychology and Language*, New York: Harcourt Brace Jovanovich, 1977, Inc 176.

为、谈话的理解和推论；以及对重要与次要信息的理解和判断等综合而定。这是对传意内容理解的过程。

听辨层次，是直接理解层次中占较高位的，它是建立在听解层次的基础上，在处理话语的声调、语调和音义转译过程后，再对语段脉络、语境进行判断的过程。华语的声调和语调，常是非华人学习华语的难点之一。声调是一个音节的调子，属于音高的现象；常因声调的不同而意义全变。例如："火车(huǒchē)—货车(huòchē)""大嫂(dàsǎo)—打扫(dǎsǎo)""妈(mā)—麻(má)—马(mǎ)—骂(mà)"。语调，则是一个句子中间高低、快慢、轻重、停顿的变化，同音高、音长、音强都有联系。同一个语言片断，语调高低不同，停顿情况不同，句子所表达的意思就不一样。例如"他""不""认识""你"这四个词，可以组成三个不同意思的句子："(ⅰ)他不认识你。——表示一般的陈述。""(ⅱ)他不认识你？——表示疑问。""(ⅲ)他不认识你！——表示有点诧异或惋惜之情。"重音的不同，也有区别词义的作用。如"兄弟$_1$(指弟弟)—兄弟$_2$(指兄和弟)""大意$_1$(指不小心)—大意$_2$(指大概)"。话语中的同音词或近音词，也会对词义产生干扰，非要根据语境来判断不可。如：

(ⅰ)攻势——工事	(ⅱ)主意——主义
攻势要开始了。	外国人的主意很好。
工事要开始了。	外国人的主义很好。

还有，华语中音位的区别性特征一变化，语音就要改变。例如：有人把"肚子"感知成"兔子"，"饱了"感知成"跑了"。所以，就会把"肚子饱了"听成"兔子跑了"。这是混淆了音位 d 和 t，b 和 p，造成语义的疏远和解码上的误差。

以上的各种情形，聆听者必须根据语言环境，准确地辨识这些声调、语调、重音、同音词、近音词的确实意义，然后对传意内容做出判断。这种从转译到理解，进而做出判断的过程，实需较高的理解能力。所以，在听力测验的听辨题里，可考查学生对话语中因声调、语调的不同而影响语义的辨认能力，及根据语段脉络、语境来对事物进行辨同异、正误、美丑和特征等。

听测层次，是一种需要深层思考、分析和衍生的过程。在此层次中，语义内容与表达的思维内容，往往隐含在语句之中；聆听者只有通过自己的分析、联想、推理后，才能领会、触换，从而衍生意义。这种间接的理解层次，已超出布卢姆的理解范畴，而达到分析推断的范畴了。如："你以前很能吃苦"隐含着"你现在不能吃苦了"，"该来的人还没有来"隐含着"不该来的人都来了"。这类"底层话语"在文艺作品中尤为明显，例如："桃李满天下""钢铁般的拳头"等，都不能按照字面来理解，而必须借助情景意义、背景意义、言外之意来理解。不过，情景意义、背景意义和言外之意，都必须附着在一定的语义内容上，或者隐藏在一定的语义内容中。

因此，在听力测验的听测题里，可以要求学生对话语中所表示的动机、意图等加以推断；并对词句的转义用法、比喻用法，或成语、语言、歇后语等的言外之意（底层话语）加以推测。不过，这对于那些以华语作为第二语文的学生来说会比较难。他们常把词句的隐喻或转义理解为本义，这是缺乏文化背景的缘故。

根据以上的论述，可知这四个层次关系密切，而且逐层推进，互相扣连。有些从表面上看十分相似，但实际上却略有不同，所以在听力测验拟题时要格外小心。

第三节　题型设计

一　多项选择题①

一份语文测试的题目，牵涉面是很广的。就语文本身来说，它包括语音、语法、词义等项目；就语言技能来说，它包括了听、说、读、写四方面不同的技能。因此，要设计一份效度和信度高的语文测试题目，来测定一个人的语文能力，确是一件很不简单的事。我们设计一份语文测验题目时，应该把重点放在哪里？应该把哪些项目放进去，应该偏重哪一方面的语文技能？都是要经过一番考虑，才能做出恰当取舍。同时还要考虑到测试的目的以及学生语文的程度。

近年来，在语文测试中，多项选择题的使用是很广泛也很普遍的。以下是针对以多项选择题作为评估语言能力的工具的利弊，做一个探讨。

（一）定向反应

从学生回答问题的角度看，传统式的问题要求学生的思维进行“自由反应”，而选择题则要求学生在给定的几个选择中进行“定向反应”。

因此，在回答传统式的问题时，学生可以避免使用他不懂的词语，或者不熟识的句型。换句话说，他可以避重就轻地去回答

① 本部分节选自梁荣基《利用多项选择题来测定学生语文能力的利弊》，《新加坡华文教学论文集》，北京语言学院出版社，1994年。

问题。可是在回答选择式的问题时,他就没有这个自由了,他必须从所提供的选项中选择一个。进一步,我们还可以特定某一个范围来考他,如词语的理解、虚词的应用、语法辨误等,做"定向"的测验,这从语文测试中来说,是选择题的一个优点。

(二)集中思维

学生回答多项选择式的问题与论文式的问题,所运用的思维有很大的区别。在回答论文式的问题时,学生所用的思维过程是比较复杂的。他看了问题以后,首先用扩散思维来考虑这问题的答案、所包含的要点。然后再运用集中思维对他所想到的重点做一个取舍,综合起来再进行作答。在回答一个多项选择式问题时,他的思维过程,只是集中思维罢了。换句话说,他只需把几个选择集中起来考虑,然后从中选择一个,作为答案就行了。

语言在实际应用的场合,是要用到比较完整的思路,例如在交谈、阅读等情况下,都会经过扩散思维,然后再到集中思维这样一个过程,虽然这个过程的时间可能是很短暂的,同时也可能是有所偏重的,也就是说,花在集中思维的时间比较长,或相反花在集中思维的时间比较短。从这个观点来看,以选择题作为语文测试这种方式就有它的局限性。

(三)测试功能

从所测得的成果来看,选择题比较适用于测定语文知识方面的成果,而它的缺点是不适用于来测定学生语文的表达能力,包括口头语和书面语;论文式的题目比较适合用来测量口头或书面语的表达能力,以及比较复杂的思维组织能力。

"经过20余年的使用和研究,一些测试专家指出多项选择题只能测试学生的语言接受能力，如读和听，而不能测试学生的语言运用能力，如说和写。”①

表2－17 语文的吸收和表达能力

语文的吸收能力	语文的表达能力
听	说
读	写
（多项选择题较为适合）	（论文式的题目较为适合）

（四）猜测成分

多项选择题的另一缺点是我们不能有效地排除猜测的成分。一个真正懂得答案答对的学生和一个对问题完全不懂而猜对的学生，从答案中，我们是无法知道的。

三年前我曾利用一份多项选择的华语测试题来做一次实验。这份卷子共有10个题目，A组三选一，B组四选一。

我把这份试题分给10位一个华文字也不懂的泰米尔族和10位马来族学员，同时也找了10位华语程度最差的华族学员来做试测，结果发现泰米尔族的10位学员答对四题以上的竟占了70%，马来族的学员答对四题以上的占了50%，而华族的学员答对四题以上的只占了30%。

表2－18 多项的选择测试的可靠性（一）

第一次实验结果

泰米尔族学生		TA	TB	TC	TD	TE	TF	TG	TH	TI	TJ
A组：	答对题数	3	2	1	2	5	2	3	2	3	0
B组：	答对题数	0	2	1	3	1	2	2	4	1	1
	答对总题数	3	4	2	5	6	4	5	6	4	1

① 张颖《多项选择题的理论依据和实际效果》，《外语教学与研究》1988年第2期。

马来族学生		MA	MB	MC	MD	ME	MF	MG	MH	MI	MJ
A 组：	答对题数	1	2	2	2	1	2	0	1	2	1
B 组：	答对题数	3	2	2	2	3	1	3	1	0	0
	答对总题数	4	4	4	4	4	3	3	2	2	1

华族学生		CA	CB	CC	CD	CE	CF	CG	CH	CI	CJ
A 组：	答对题数	2	4	1	1	2	0	1	1	0	1
B 组：	答对题数	3	1	3	2	1	3	2	2	3	1
	答对总题数	5	5	4	3	3	3	3	3	3	2

去年我又找了 26 位泰米尔族和 17 位马来族的学员，以同样的一份试卷，重做一次实验，所得的结果是泰米尔族答对四题以上的有 26%，马来族有 41%。

表 2－19 多项的选择测试的可靠性(二)

(第二实验结果)

泰米尔族学生		TA	TB	TC	TD	TE	TF	TG	TH	TI	TJ	TK	TL	TM
A 组：	答对题数	1	2	2	0	2	1	1	2	2	1	2	1	1
B 组：	答对题数	4	3	3	4	2	3	3	2	1	2	1	2	2
	答对总题数	5	5	5	4	4	4	4	4	3	3	3	3	3

		TN	TO	TP	TQ	TR	TS	TT	TU	TV	TW	TX	TY	TZ
A 组：	答对题数	1	3	1	1	1	0	0	1	1	0	0	0	0
B 组：	答对题数	2	0	2	1	1	2	2	1	1	1	1	1	0
	答对总题数	3	3	3	2	2	2	2	2	2	1	1	1	0

马来族学生		MA	MB	MC	MD	ME	MF	MG	MH	MI	MJ
A 组：	答对题数	1	2	1	3	2	2	2	1	2	1
B 组：	答对题数	5	3	4	2	3	2	2	2	1	2
	答对总题数	6	5	5	5	5	4	4	3	3	3

		MK	ML	MM	MN	MO	MP	MQ
A组：	答对题数	1	2	1	0	1	1	0
B组：	答对题数	2	1	1	2	1	0	0
	答对总题数	3	3	2	2	2	1	0

从表2-18及表2-19的结果可以看出，泰米尔族学生第一次和第二次的实验中的平均数分别为4和2.8，马来族的学生第一次和第二次的实验所得的平均数分别为3.4和2.85，而这些学生是半个中文字都不懂的。

我们就是以美国测试专家（Valette）的一套猜答修正分数的公式来计算也不能说明这个结果。①

（五）题目设计

有人认为选择题的题目很容易设计，只要出一个干题，给它附设三个或四个选项就行了。不过事实上这是错误的。我们知道要设计一个信度和效度高、难易适当而甄别力又强的题目，是很不容易的。它必须经过实验和修订以后，才能达致理想。

除此之外，我们在设题时必须考虑到干题的语义是否明确，对的答案是不是正确而不是含有模棱两可的可能性，干扰项能不能起干扰作用。有过设题经验的人都知道，这些理想，是很费时费力才能达致的。

（六）内容范围

选择题在一份测试卷子里可以容纳很多题目，在语文的测

① Valette，Rebecca M.，*Language Test at School*. London：Longman Group Ltd，1979.

试范围,涵盖面就可以比较广。至于论文式的题目,因为受到形式和时间的限制,测试的范围自然比较窄,但是测量的内容则比较深入。

(七)评分标准

大家都会同意,多项选择题的最大优点是评分标准比较客观,因为对的或最恰当的答案只有一个,所以在评分的过程中,尤其是大型的考试,容易取得一个客观的评分标准。论文式的答案,在评分时,评卷员常常受主观的意见所影响。因此,得出来的结果往往不够客观。

(八)评分工作

从评分的工作过程来看,尤其我们需要处理很多考卷时,多项选择的评改,可以节省很多的时间。特别是现在有了电脑的帮助,我们可以直接把评分设计好的答案纸,直接输入电脑,既准确又省时省事。但是论文式题目,在评分工作过程中,电脑没有办法处理。

总的来说,多项选择题作为语文测试工具,有许多不理想的地方,但也有它的可取之处。不理想是它不能够有效地测出语文的运用能力,和实际的语言应用思维过程不配合,设计一个题目相当费时;可取之处是它能有效地测试出语言的接受能力,评分标准比较客观。有定向反应作用,评分工作省时省事。要是能与语言测试目的配合,多项选择题是有它的功能和价值的。

二　完形填空[①]

（一）克漏字测验[②]评述

克漏字测验是从一篇文章中，硬性规定每隔若干字便删除一字，然后要求受试者填上合适的字。受试者在作答时必须对每一个词在句子中的交谈规则、句子法则和语境的限制有充分的把握，这与衡量学习者对某词词义的认识而设计的填充测验(fill-in-the-blank test)并不能等同对待。这种测试能避免设计者对测项的主观臆断，可靠且全面地测量学习者的语言能力，并为教师矫正教学设计提供可依据的讯息。

英语是以词为基本的词汇构项(lexical entry)，克漏字测验也以词为单位，似乎是理所当然，不会引起任何争论。现代华语是以词为基本词汇构项；这是否意味着我们也必须同样以词作为华语克漏字测验的单位，否则就应视为脱轨的做法呢？倘若这种论点正确，换句话说，答案可能不只是单音词，可能是双音词或多音词。我们面对词的划分标准问题，到底应该如何为词下定义呢？词缀到底应该附属于词还是独立存在呢？例如词尾"子"是后加成分，必须附着于词根之后，不能自由存在，我们把它归属为词的附加成分自然毋庸争辩，问题是自由词缀（例如：了、着、过、得、地）皆为助词，表示抽象的语法意义，它们不必一定附着于词根，我们应该如何处置？由于这一系列的问题一时无法给予合理的解决，设计者也就因此而裹足不前。

---

① 本部分节选自吴英成《克漏字测验》，《汉语国际传播：新加坡视角》，商务印书馆，2010年。

② 编者注：克漏字测验，即完形填空测验，英译为cloze test。

事实上,非以词作为华语克漏字测验的单位不可这个大前提实在有待商榷。克漏字测验硬性规定每隔若干单位就必须删除一个单位,只有专门术语、日期或太过艰涩罕见的单位除外,无非在力避设计者凭依直观的臆断任意删除,否则就会造成测验的结果在信度和效度上皆偏低。至于删除单位应以何者为准,只要设计者在设计时贯彻始终,前后一致,也就无关宏旨了。为了设计上的便利,我们大可以文字形体——字为单位,一个汉字正好代表一个形体单位,一个词素也类等于一个汉字,在设计时只要硬性规定字数即可。这样可以省去因词划分标准不一所引起的种种困惑。再说,以字为单位还可以审查受试者对复合词或固定词组等是否已经全盘认识。倘若他们的语库只储存片段的语言知识,自然无法填上适当的字,何况华语复合词和固定词组有其限制,受试者可以凭据前后字的线索,恢复原词的本来面目,无形中为我们提供了受试者学习华语构词时的难点。根据 Ong Siew Lean(1986)的研究,以字为删除单位与选择式理解测验的相关系数比以词为删除单位高。[①] 可见,以字为删除单位是一种既便捷又可信的做法。

就英语克漏字测验研究而言,无论评分方式是以原字还是近义字,克漏字测验与阅读测验的相关系数均在 0.77 以上。[②] 以非英语为母语的说话者为测试对象,克漏字测验和"托福"的

---

① Ong Siew Lean, The Use of the Cloze Procedure in Assessing Reading Comprehension of Chinese. *Master of Education Dissertation*. Institute of Education, Singapore, 1986.

② Brown, J. D., Relative Merits of Four Methods for Scoring Cloze Test. *The Modern Language Journal*, 1980, 64: 311 - 317.

相关系数高达 0.83,[①]华文克漏字测验与阅读理解的相关系数约在 0.55 左右。[②]

(二) 克漏字测验的方法与步骤

1.取样。

受试者皆选自同所中学:一年级快捷班学生 33 位,普通班学生 17 位;二年级快捷班学生 34 位,普通班学生 32 位;三年级快捷班学生 24 位;学生总数为 140 位。

2.材料和程序。

我根据个人的教学经验和判断,节录一篇难度中等又适合学生作答的散文(老舍的《养花》)为材料,以克漏字测验的形式,硬性规定每隔 5 个字便删除一字留空,让受试者以个人的判断,由上下文意填上适当的字,总计 70 个定位空格,每个空格只许填上一个汉字,时间限定为 35 分钟。测验时,教师不需另加指导。

3.计分法。

克漏字测验有两种计分法。第一种是“原字计分法”,学生所填上的字和原文被删略的字相同才能得分;如果学生所填上的字不是原字,即使符合句法、语义等也应当视为错误。原字计分法在应用时较容易,且省时又省力,尤其是受试者与测项数目相当庞大时,研究者由于客观因素的局限,这种计分法也就最管用了。然而原字计分法也有缺点,因为它要求受试者填上作品

① Oller, J. W., *Language Tests at School: A Pragmatic Approach*. London: Longmans, 1979.

② 谢泽文《中文填字测验在测量篇章难度及学生阅读能力的效度研究》,香港中文大学教育学硕士学位论文,1977 年。

的原字，这很可能低估学生实际的语文能力。事实上，有创意的受试者所提供的字可能比原字佳，却因此而遭抹杀了（Oller，1979）。

第二种是“可用字计分法”。学生所填上的字虽然不是原字，但是只要合乎语义和句法等便能得分。可用字计分法与效标量数的相关系数比原字计分法高。① 这或许是由于可用字计分法的要求较宽的缘故。相关系数和信度也就相对地偏高。这项工作虽然费时又耗力，还是有代价的。但是，可用字的取舍经常牵涉到研究者主观的评判，信度也就大打折扣了。再说，代换字果真合乎句法和语义，但却可能破坏了作者的作品风格。

原字计分法和可用字计分法的相关系数高达 0.99（Oller，1979）。只是分数的等第略有差异，得高分者仍居高，低分者居低。由于本研究的取样有 140 位，定位空格有 70 个，数量相当可观，加上客观因素和个人能力有限，故只好退而求其次，只采用原字计分法，何况本研究的焦点是在探讨学生的一般华文语文能力以及华语教学法，就算有些微差异也无关宏旨。当然，我们并不因此贬低可用字计分法的价值。

4.分析。

(1)从平均差和标准差来看。

---

① Alderson, J. Clarks, The Cloze Procedure and Proficiency in English as a Foreign Language. *TESOL Quarterly*, 1979, 13(2): 219 – 227; Hinofotis, F. B., Cloze as an Alternative Method of ESL Placement and Proficiency test. In Oller &Perk (eds), *Research in Language Testing*. Rowly, Mass: Newbury House, 1980; Hinofotis, F. B. & Snow, Becky G., An Alternative Cloze Testing Procedure: Multiple-choice Format. In Oller & Perk (eds), *Research in Language Testing*. Rowly, Mass: Newbury House, 1980.

表 2－20 克漏字检验结果

班级	人数	平均数	标准差
中一普通班	17	21.23	7.59
中一快捷班	33	28.81	6.82
中二普通班	32	26.53	8.05
中二快捷班	34	28.64	5.67
中三快捷班	24	33.25	6.97

高年级学生成绩的平均数比低年级学生高 12 分左右。快捷班学生成绩平均数比同年级的普通班学生高，而中一快捷班学生成绩的平均数甚至比中二普通班学生高 2 分。各年级快捷班学生成绩的平均数差距也比普通班学生小。中一普通班的标准差比中二普通班大，但是中三快捷班学生之间的差距比低年级悬殊。综观而论，全部参试学生的平均数为 27.69（占总分约 39.55%），学生得 25 分（占总分 50%）或以下者竟高达 117 位（占总人数 83.57%）。

(2)从字和词的角度通观学生的表现。

我们从“字频率和词频率对照表”可以清楚地看出词频率的高低与测项的难度恰成反比。一般而言，高词频率的词难度较小，答对率也就偏高；低词频率的词难度较大，答对率自然偏低。字频率的高低与测项的难度没有对应的规律可循。如“五”“之”“门”“自”“道”等字皆为高频率的字，但是这些字在短文中皆为复合词或固定词组的成分，《现代汉语频率词典》没有列入，可见这些字皆为低频率的罕见词，学生答对率也皆偏低。同形的汉字，字频率虽然相同，答对率却有参差的现象，这与某字属某词有密切关系。如“是”字，字频率皆为 1.52706，但是，属系词的

“是”词频率比连词“是”词频率高，答对率也自然偏高。如“种”字，属量词的“种”比动词的“种”词频率高，答对率也高。

(三) 评价与问题

测试的结果使我们大感意外，全部受试学生的平均数只有27.69(占总分约39.55%)，学生得25分(占总分50%)或以下者竟高达117位(占总人数83.57%)。70个标准答案皆属新加坡教育部2002年公布的《中小学华文字表》中的小学课程用字，也是中国《汉字频率表》的常用字，中国六年制小学语文课本(第十二册)也把老舍的《养花》列为阅读课文。但是，为何受试学生分数皆偏低，实在令人深感疑惑。学生经过六年小学正统华文教育后，根据新加坡教育部原拟的课程计划和教育目标，至少应臻至70%，何况近几年小学离校会考的及格率皆高达85%以上。换句话说，全部的受试学生应当信手自如地填上适用字，否则，小学离校会考的信度和效度也就成了问题，自然无法衡量学生的华语能力。问题的症结何在，我将从各个角度提出个人的见解。

1.新加坡教育部《中小学华文字表》。

新加坡教育部编选华语教材时应尽可能依照《字表》所规定的常用字，如果有实际的需要，可以斟酌选用一些《字表》以外的字，但是不得超过10%。可是汉语从中古音(指切韵系与早期韵图)演变到现代音基本上趋向简化，因而造成大量同音词的涌现。这样一来，歧义现象也随着增多，单音词的扩展正是突破此困境的最佳途径。再说，字只是语言表达的形体单位，不属于语法的范畴。故新加坡教育部的这项规定实欠妥当，我们认为以构词法和句法的基本单位——词为编写原则愈加合理。例如“三年五载”中的“五”字，常用字频率为0.10685，而“三年五载”

是属低频率的罕见词，学生就算会“五”字，并不等于他能填上“三年五载”中的“五”字，因为它只是这个固定词组的词素罢了！再说，词频率的高低与测项的难度成反比。可见，编写者若能以词频率的高低为编写原则设计教材，才能达到循序渐进的教学目的。然而，这只能视为其中一条编写参考原则，倘若编写者处处迁就词表，就会犯上削足适履的偏失。

2.新加坡华语教师的教学偏差。

新加坡华语教师的讲解大多数只停留在正字法、音位和词汇等表面语言层次。他们只要求学生死啃强记“注解”里的词语语音、近似字、表面语义，偶尔也穿插零星词语搭配。为了让生词深化于学生的语言库，老师不厌其烦地给学生听写以及词语解释测验。倘若学生皆能得满分，这就意味教学目标已臻至，教师职责也完尽。我们不否认这些教学工作的价值和意义，问题在于这些只是片段的语言知识，学生仍然无法把这些语言知识搬到语言应用层面，因为他们缺乏结合词为句的能力，就算教师“注射”再多的新词，也无法“治疗”学生作文的“贫词病”。多数教师对于词的范畴、规则以及言谈结构也只是蜻蜓点水般略讲几句，有的甚至排斥一切语言知识的讲授，只让学生自己在多听、多说、多读、多写中摸索其中的“规则”。对于学生犯的错误，他们只提供正确的“标准”，至于错误的形式、原因和矫正途径却片言不提，或者提供类似例证，重做一次操练，从而造成“炒冷饭”的状况。这种纯经验的传统语言教学法自然无法训练学生从上下文义中填上适用字，许多学生碰了一鼻子灰，仍不得其门而入。

3.新加坡学生华语语文能力。

由于新加坡华语教师教学的偏差，使得学生的语言知识只停留在片段零星的文字和词义的表面语言层次，词的范畴、语境却未曾接触，大多只是“循规蹈矩”地把生词的注解生吞活剥地强记下来，考试时再吐出来还回老师就算了事，这种“只见树木，不见森林”的语文学习，自然无法以词语搭配、语法结构等讯息去理解篇章的梗概，从而填上适用字，恢复原文的真面目。学生平时的语文训练既然不足，他们的克漏字测验分数就必然偏低。这种教学偏差所产生的一连串问题，正待我们去扭转和摆正。

三 短句测试题①

客观式测试是各种语文评鉴最常见的方式。这种测试方式常用来考量学生的推理能力和语文程度，如词汇、句段和文章内容的理解，以作为针砭学生语文能力的标准之一。

针对客观式语文评鉴的教学，一般采取两种不同的方式。一是自由猜测式，一是综合分析式。前者纯由学生凭自己的学识程度，从不同的答案中加以揣摩、猜测，从而找出一个比较理想的答案，基本上属于经验教学法的一种，希望能从错误尝试中求进步。后者得从不同的角度，如语义、结构、习惯用法、逻辑观念、语感等方面进行推理分析，从中得出一个较理想的答案，基本上属于认知教学的一种。

本文主要以短句的客观式测验，来探讨各种和主干短句有关的认知成分，从而提高学生应用语文和推理分析的能力。

客观式评鉴试题的设计，一般都存在某些误导性成分。这些误导性成分常与主干短句的某些词语，或者句意等关联，学生

---

① 本部分节选自胡林生《短句测试的多元推理方式》，新加坡华文教学研究会编《新加坡华文教学论文二集》，2001 年。

必须认清其中的偏差，挑出那些似是而非的误导性成分，否则就无法正确无误地选出合理的答案来。

一般上，有关短句的客观式评鉴试题，都提供了四个不同的答案。其中三个答案都有不同程度的误导性成分，学生只需辨识出这些成分的不合理性，那么，剩下的第四个答案，就是唯一比较适当的答案了。

为了提高客观式评鉴测试的效果，教师在评鉴测试之后，应有系统地在课堂上进行分析，以加强学生的认知和应用能力，让学生在做完客观式评鉴测试后，能知其然及其所以然，避免"瞎子摸象"般事倍功半的效果。

进行短句客观式评鉴测试，关键在于短句的主干部分，学生必须充分了解短句主干部分的意思，才能从四个假设答案中选出最适当的短句，以完成句子的意思。

现就搭配关系、句义连贯、逻辑统一、习惯用法、句法结构几个重点，来说明短句测试的合理选择。

(一) 搭配关系

搭配关系主要表现在连词或连词组成的短语方面，其他还有修饰谓语的状语或补语结构，以及修饰主语的谓语结构，也可以看出主干句和选择短句之间是否合理妥当。

【例 1】一个人没有希望，生活就毫无意义，但单有希望仍无济于事，____________。(1991 年高中华文副修考题)

①必须还要有实现这希望的计划和信心

②就算没有希望，还是一样得生活下去

③因为所谓希望，不外是自欺欺人的空话

④应该了解这希望是怎样才能使生活多姿多彩

主干句的“单有”只能与“还要有”搭配，②③④三个选择项便无法跟主干句衔接。

【例 2】博物馆的价值主要不在于怀古，而是提供了历史的见证，____________。（1992 年 11 月高中华文副修考题）

①系统地保留了古文明的每一个遗址

②明确地肯定了社会进化的各种因素

③完整地保存了不少闻人的贵重遗物

④真实地记录了人类生活变化的一些轨迹

四个短句都是表明“博物馆的价值”的谓语短句，但①②③谓语短句都存在一些与“博物馆的价值”没有关联的内容，如①的“每一个遗址”，②的“进化的各种因素”，③的“闻人的贵重遗物”。这些没有关联的内容，有的过于夸大，如①；有的无中生有，如②；有的以偏概全，如③。只有④谓语短句能精确地表明“博物馆的价值”所在，也是最合理的选择答案。

（二）句义连贯

所谓“句义”，主要是指主干句和选择短句的“话题”，能取得前呼后应的合理联系，并明确无误地表达句子的内在含义。

主干句和选择短句的“话题”是否连贯，在于内容的紧密联系和语义的完整统一，两者之间不能互相矛盾，或者风马牛不相及，或者节外生枝，令人莫名其妙。

【例 3】____________，那又怎能有效地推行改革计划呢？（1990 年高中华文副修考题）

①就算换了领导层，如果施政方针不变

②既然新领袖英明果断，不能贯彻到底

③既然选出了新政府，又不乏青年才俊

④就算有献身精神的领袖，如果始终不渝

这个考题主要测量学生对搭配和句义的连贯是否妥当，②③的“既然”。句义跟主干短句互相矛盾，所以无法衔接。①和④“就算……如果”的搭配合理，但④句义和主干短句有矛盾，因此也无法衔接。

【例4】＿＿＿＿＿＿，国内老人所占的人口比例越来越大，如果不及时采取行动，势将产生严重的社会问题。(1990年11月高中华文副修考题)

①由于老人院到处林立，服务水平的提高

②随着婴孩死亡率降低，医药服务的改善

③由于生活水平的提高，居住环境的舒适

④随着节育政策的实施，卫生保健的改善

②和④的选择主要针对“婴孩”和“节育”问题，跟老人的人口比例问题无关。①和③由“由于”所组成的副词性短语和主句的搭配合理，但①只涉及部分老人，③涵括全部老人，语义层面比①来得完整，所以③是最佳选择。

(三) 逻辑统一

主干句和选择短句之间，应存有统一的逻辑性内容，连贯后的句子，才可以完整、合理地表达句子的意思。

【例5】为了争取荣誉，夺得锦标，健儿们使尽浑身解数，＿＿＿＿＿＿。(1990年5月高中华文副修考题)

①全部是泥菩萨过江，自身难保

②全部是一盘散沙，不堪一击

③可说是八仙过海，各显神通

④可说是智勇双全，捷足先登

①和②说的是充满贬义的消极面，跟主干句的积极赞扬内容刚好相反，这种句义的逻辑矛盾无法使句义得到完整的统一，所以①和②都不是答案。④的答案虽然说的是积极性的内容，但特指“智”和“勇”双全的条件，这和一般运动员夺得锦标，并不完全符合，所以不能选作答案。只有③短句进一步说明“使尽浑身解数”的内涵，犹如八仙过海般显示他们的神通。

【例 6】从事社会工作的人，应该胸怀坦荡，________。(1994 年 5 月高中华文副修考题)

①持有惺惺相惜的高尚情操，纵横江湖

②有好汉做事一人当的决心，献身社会

③抱有四海之内皆兄弟的想法，服务人群

④怀着一举成名天下知的抱负，走遍世界

主干句子主要针对社会工作的课题以及说明从事社会工作者的应有条件：心胸宽阔，而且对象是社会群众。在这个语义范畴内，①②和④的选择都犯了逻辑不统一的毛病，因为①“惺惺相惜”是有关两者之间的态度，②“好汉做事一人当”是说个人要负行为责任，与群众无关。而④“一举成名天下知”是指一个人成名天下，是个人问题，而且“走遍天下”也不合乎社会工作者的条件。只有③短句进一步说明主干句子的内容，表明社会工作者的心胸和想法，为社会人群服务。

(四) 习惯用法——熟语的应用

所谓熟语，包括成语、歇后语、惯用语、俗语等。若短句的选择答案是熟语，就得了解熟语的内涵，跟主干句是否配搭妥帖。

【例 7】做任何事都要有恒心，不要____________，否则

便一无所成。(1994 年 11 月高中华文副修考题)

①墨守成规,独断独行

②粗心大意,挂一漏万

③三天打鱼,两天晒网

④守株待兔,以逸待劳

主干句的关键词是“恒心”,跟①所说的“呆板”“独断”、②所说的“粗心”及④所说的“空等机会”,可说是两码子事,而③所说的懒散的工作态度,正配合主干句“恒心”的语义。

【例 8】学问的领域浩瀚无边,做学问得讲求选择,____________。(高中语文练习第一册练习,亚洲出版社)

①必须精益求精,以发挥才华

②如果贪多嚼不烂,必然有不消化的恶果

③一味囫囵吞枣,将无法融会贯通

④只往牛角尖钻,也是缘木求鱼

主干句列出一个重要条件:“讲求选择”,短句得从“选择”的正反方面做进一步的发挥,才能把主干句的语义表达清楚、明确。在这个条件下,①的“精益求精”、③的“囫囵吞枣”、④的“牛角尖”等都无法进一步表示“选择”的作用,只有②从反面来分析不进行“选择”的后果,可说配搭合理精确。

(五)句法结构

主干句和短句的配搭,不但要讲求句义的连贯,不能出现前后矛盾或牛头不对马嘴的说法,还得注意关联词语的用法是否妥当,尤其是连词的搭配用法。更重要的,是短句和主干句必须是一个句法结构合理的整体,无论是主谓关系、修饰关系或者动补关系,都要以合理的句法结构为基础。

【例 9】吸烟危害健康，但有些吸烟者有时难以自拔，戒了又吸，______________。(1993 年 11 月高中华文副修考题)

①这是自己作孽，谁又管得了这么多

②仿佛已经到了无孔不入的地步

③所以戒烟运动是毫无意义的

④这是司空见惯的事

①短句的前半句给主干句下结论：这是吸烟者(自己)作孽(指做坏事，将来会受到报应)，跟主干句“难以自拔，戒了又吸”语义不尽相同，但勉强可以接受，但下半句冒出了一个独立的问句“谁又管得了这么多”，跟主干句风马牛不相及，主干句和短句无法形成完整合理的句子。②短句缺乏一个明确的修饰对象，既不能说明“吸烟危害健康”的程度，也不能表达吸烟者“难以自拔”的状况。在语义方面，“无孔不入”形容做坏事而利用一切机会，跟主干句吸烟这种坏习惯无关。主干句和短句的配搭不但句法不完整、不合理，句义也不连贯。③短句跟主干句的配搭犯了因果关系不统一的毛病。因为主干句指“戒烟”很难成功，跟“戒烟运动”是否有意义，可说差之千里。④短句是主干句的总结。主干句和④短句配搭，结构完整合理，语义也十分明确。

(六) 小结

短句测试基本上是一种多层面的语言技巧的测试，它涉及词法、句法、语义、逻辑和习惯用法的问题。教师在进行有关教学时，必须从各个层面、各个角度来分析，学生才会明白错误的症结所在。这不是单凭猜测或错误尝试可以达到目的的。

第三章

测验技术

第一节　台湾地区华语文能力测验(侨生版)的总体设计①

在编制一套测验之前,为了使目标与结果的方向一致,会要求多了解一些和测验相关的问题。例如:测验的对象是谁?为什么编这套测验?希望达到的目的为何?何种试题才能有效地达到目的?这里将以《华语文能力测验(侨生版)》为例说明如何借由研究回应上述的问题。

一　测验对象

《华语文能力测验(侨生版)》的测验对象是侨生。在台湾地区,我们对侨生的认知是"一群在异地长大,返台湾接受教育的人",然就其华文学习而言,却不能粗略地归为一群。根据其背景,侨生学习华文条件差异颇大(请见表3-1)。

每个地区又因政治、经济、文化状况而有不同,现就以人数最多的马来西亚、缅甸、印尼三个非中文地区来加以说明。

---

① 本部分节选自宋如瑜《文化适应与语文学习》,柯华葳主编《华语文能力测验编制——研究与实务》,台湾:远流出版社,2004年。节选时略去了原文中关于中国港澳地区学生的调查访谈及其统计。

表3-1 侨生学习华语背景分析

学习条件	类别
学习华文	当作第一语言、当作第二或第三语言
家庭语言	外语(英语、印尼语、西班牙语、缅甸话、泰语……) 普通话(即"国语") 方言(闽南语、粤语、潮州话、云南话……)
学习方式	家学、家教、假日中文学校、双语学校、语文补习班、华人学校
教学媒介	外语(印尼语、英语、西班牙语、越南话、泰语……) 普通话(即"国语") 方言(粤语、云南话……)
拼音系统	汉语拼音、注音符号、无拼音基础
中文字体	繁体字、简化字

一般马来西亚华人在家庭中仍使用华语,而此华语包括闽、粤、潮、汕等地区的方言。马来西亚有华文小学,1—6年级都设华文课程,使用简化字教学。数学、自然、地方研究等科目均以华文为教学媒介语言,自1982年起华文小学开始使用汉语拼音。华文独立中学,简称"独中",招收初一到高三六个年级的学生,全马共有60所,课堂中以华文为教学媒介语言,全校学生必修华文,每星期有6—8堂华文课。独中的华文教师多数是国内外各大学中文系毕业生,中文基础良好,采用董教总编定的教科书教学,并举行统一考试。自马来西亚赴中国台湾地区的侨生多为华小、独中的毕业生,学习过程中以华文为媒介语,求学阶段亦有类似台湾地区的联考,中文的听、说、读、写能力和台湾、大陆学生相去不远。学生返台求学唯一需要适应的是繁体字,一般学生在上完第一学期后就能克服这个障碍。此外,自马来西亚返台的侨生中,亦有小部分是"国民型中学"的毕业生,"国民型中学"除了华文课外,是以马来语作为教学媒介语言,其性

质不同于前面提到的独中，“国民型中学”学生来台后在学习适应上较为吃力。

缅甸华文教育的发展可分三个时期：1949—1962年为“自由开放教育政策时期”；1963年起为“禁止华教时期”，缅甸政府采行社会主义，没收华文学校，侨校多转为地下化经营；1976年以后，为“华教宽松时期”，缅甸政府改革开放后，华文教育始有发展空间。[①] 华文教育在缅甸政府种种限制之下，都以“补习班”“孔教学校”“佛经学校”“果文学校”出现。90%以上的华校以台湾地区的教科书为主要内容，使用繁体字。在学习的形式上，除了极少数的华文学校实施全日制的中文教学，绝大部分侨校学生都是利用每天一早一晚、周末学习中文，其他时间在缅文学校上课。[②] 华校的教学问题在于上课时数不足和长期以来的师资、教材、教具、图书匮乏。由于学习环境不佳、上课时数少、教师学历不高、资讯缺乏，缅甸侨生各学科的成绩均不及本地学生。

印尼华文教育悠久，1957年侨校发展达到鼎盛，约有2 000多所，学生总数42万余人。1966年印尼政府下令关闭所有侨校，禁止所有中文书刊流通，华文教育因而式微。直至1999年颁布《列269/U/1999号决定书》，废除对民间开设华语文补习班的限制性条例，容许民间文教机构自行举办华语文业余成人教育。2001年2月瓦西德当选总统，正式宣布开放华文，至此，

---

①② 何福田、罗瑞玉、吴根明《缅甸华文教育的现况与展望》，《第二届侨民教育学术研讨会会议实录》，台北侨民教育委员会，2000年。

华文教育在印尼断层达 32 年之久。[①] 30 年以来,大部分的印尼华裔子弟没有机会接触中文,少部分的人则是借由家教、非法补习学习华语,程度不足的会在上中国大学之前,参加密集的华语文训练班。对这些学生而言,华语学习是第二语言的学习而不是母语。大学中印尼侨生华文的听、说、读、写各项能力均需加强,一半以上的印尼侨生进大学前的中文程度不及本地的小学五年级学生。

从以上地区学生特质的描述中,可知其学习华语的背景迥然不同,而这些学生占了目前台湾地区的大学里侨生的多数。一份测验要能测出上述这些学生的华文程度,客观上它可能需要满足一些条件:第一,题目难度的幅度要很大,能反映出不同学习背景下学生的华语文程度;第二,它须有听力测验,因为用方言学习中文的学生,阅读中文和听华语的能力会有较大的差距;第三,它须有繁体字、简化字两种版本,让经由不同字体学习华文的学生,展现出真正的程度。

二　测验目的

《华语文能力测验(侨生版)》的测验目的有二:一是具鉴别作用,作为侨生华文能力的评量,让侨生在来台之前先了解自己的华文程度是否足以适应中国台湾生活、大学学习、日常沟通。若能事先经由测验结果,分析出自己华文的缺漏并加以补足,当可减少来台后的学习障碍。二是具教学作用,提供大学作为中

---

① 董鹏程《东南亚华文教育暨海外台北学校展望》,《第四届海外台北学校董事长暨校长联席会议——校务发展研讨会会议实录》,台北侨民教育委员会,2002 年。

文(华文)课程分班的依据。有些大学如台湾大学、暨南国际大学、台北大学、中原大学等,在规划“大一语文”课程时,就已将侨生和本地生分开授课了,然而,从上节的叙述中可以推知,部分马来西亚的华文程度和本地生差距较小,而和印尼侨生的差距较大。分班之前,若能先进行侨生《华语文能力测验》,则可测知哪些侨生适合跟本地生一起上“大一语文”,而哪些侨生需要学校提供华语文加强课程。

三 侨生学习难点调查

要说侨生在侨居地学习华文的方式是“因”,那么侨生在大学里以华文作为学习工具,所获得的成败就是“果”了。为了了解侨生的亲身感受,研究者举办了两次 BBS 网络座谈会,借由网络的不限时地、低焦虑情境,让同学自由抒发来台之后所遇到的学习瓶颈,以及可行的解决策略。

大学是人生的新阶段,从生活起居到学习方式,新鲜人都需要适应。不过,在以下的内容中,我们仅就侨生因语文能力不足而产生的障碍来讨论。为使读者能直接切入情境,我们保留了文句原貌,未做任何删改,包括错别字、语法偏误、用词不当等。所有引文资料选自座谈会纪录。

(一) 口语表达

在口语表达上,侨生在用国语沟通时,多带有异地口音,本地同学不易了解其表达的内容,难免造成误会,为避免窘境,侨生在课上多保持缄默,尽可能地逃避发言机会,课下也多和同地区的侨生来往,而此情况不利于师生互动、同侪交流,对提升本身的华语文能力亦有负面影响。

【例 1】跟同学沟通也有点困难,有时候不懂他们在讲什么,也许因为我的口音跟他们的不同或我讲得不太准,所以他们有时候也不懂我在讲什么。(晓,印尼)

【例 2】念书是需要方法和靠努力的,当然也要聪明,但是对语文程度不是很好的学生会造成有很大的压力,例子是我,在跟其他同学一起上课时看他们能够很顺地答老师的问题。比起他们来,觉得自己很多事都不懂就会失去信心不想去念。(音,印尼)

【例 3】语言也是我很大的困境。上课听不太懂就开始发呆,想问或编(按:辩)论也很难表达出来,真无法享受大学的课程。希望随着时间的流逝,我能克服这个障碍。(辉,印尼)

【例 4】刚来到暨大的时候沟通上有困难,因为在南非是以英文为主,在家中跟父母讲话都用台语。在南非除了看电视以外很少听到中文,所以刚到这里的时候我听不太懂、看不懂又不太会讲,除非跟我讲台语。(薇,南非)

【例 5】大一的时候,我想对侨生而言,最担心的应该是沟通方面的问题,尤其是对那些不是说华语长大的侨生,包括我在内。往往我会怕说错话或发错音,所以刚开学时,班上同学对我的印象就是个比较安静,不太爱讲话的人。我大一的时候也比较内向,大部分班上的同学我都不熟。老师讲课我也听得蛮模糊的。想问老师问题,也怕老师听不懂我在讲什么,也怕自己问的问题太基本,怕同学取笑我连那么简单的问题都不会。一上完课就觉得好累,不想再动课本。(凤,印尼)

【例 6】当侨生的困难就是语言方面,造成了沟通问题。可能很多人不知道沟通问题的困难。多人会抓(按:弄)错你的意思,会以为你怎么呆呆的。(来,印尼)

【例 7】以前我也没有在(中国)台湾补习过中文,所以如何(按:任何)方面我都不适应,吃的和天气我都还没适应,我的中文程度不够好,听力也很差,声调又不标准,所以如果正在讲话中,朋友要漫漫(按:慢慢)专心地听,他也需要再讲一次,还(按:或)是我用英文讲,他们才可以厅(按:听)得懂。(泉,印尼)

(二)课堂听讲

课堂听讲上,侨生容易产生困难的情况有三:一是听到讯息后,解读讯息的速度缓慢,因而对句子、句段产生片面的理解;二是专业用语(词汇)不足,无法完全吸收教师讲授的内容;三是脑中的词汇有限,不能确切掌握部分成语、俗语、新闻用语的意思,而对讯息产生错误的解读。

【例 1】我觉得在台的每一位老师讲特别快,有时候没有抓到重点,这是困境。(祥,缅甸)

【例 2】当刚开学时,我觉得最大的困难就是在上课的时候。因为我的中文程度还不好,当老师在讲课或解释时,大部分我都听不懂老师在讲什么,有时不知道在学什么,所以那时候,上课就会觉得很策励(按:吃力)、成绩也不这(按:怎)么好。(晓,印尼)

【例 3】老师上课时常常会用成语来比喻。中文不好的我,就会听不懂,必须问同学。(雅,巴拉圭)

【例 4】我常常面对的问题是老师在课堂上讲解的速度很快,有时还来不及思考就已经讲到下一节了,很多时候都是有听没有懂,回去必须得花很多时间重新复习。此外,就是有很多的功课及报告要做,总觉得每天的时间都不够用,感觉有点累了,为甚么我体会不到大学生活中的多彩多姿?(黄,马来西亚)

【例 5】上课有时候听不太懂老师再说什么。虽然我曾经在侨大先修班念一年,但是有一些名词我还是听不太懂。真的不知道要怎么样才好?(珊,印尼)

【例 6】第一天上课的时候,我非常紧张。上课的时候,除了微积分之外几乎百分之九十我都听不懂,而且对同学也有一些陌生,所以我心里有一点害怕,连发问都不敢,只能在宿舍靠自已去念。(亮,印尼)

(三) 阅读书写

侨生同学的读写速度缓慢,往往需花上数倍于本地生的时间、精力去应付考试、完成报告。因此,学期初至学期末,课业压力会随着考试、交报告期限的来临而逐渐加大,致使情绪起伏,出现逃避考试、放弃课业等负面行为。

【例 1】记得刚到台湾的时候,我的中文真的很差,几乎是连一句中文字(按:删去)都看不太懂。后来来到了这里念大学,更感觉自己的中文真的很差,但是老师几乎都是用中文上课和考试,让我感到非常的困扰。(华,巴拉圭)

【例 2】在这几乎天天要念书,而每次都要念很多页,功课一个又比一个多,又难。有时都做不完,而睡眠就不够

了。准备考试时是最痛苦的。(雅,巴拉圭)

【例 3】因为自己写作业的速度很慢,所以常常都用比其他同学多几倍的时间完成作业。除了作业外,我还必须学会如何把书念好。我承认自己的基础不好,所以常常花比其他同学多几倍的时间念书。一般同学可能只要用一小时念书就够了,可是我却要用三小时甚至更多的时间。假日期间我也尽量把时间用在课业上,所以有些同学会和系上的活动我都无法参于(按:与)。唉,我也因此常被人误会喜欢"放飞机"。(美,马来西亚)

【例 4】我所遇到的困境都跟大多数的侨生都一样吧。我虽然在沟通方面没有问题,不过要我写国字或文章或报告都还蛮吃力的。(如,乌拉圭)

【例 5】多挫折与困难,功课方面的压力。繁忙的考试,交不完的作业以及生活上种种的不如意,几乎快崩溃了。我甚至翘课了一个礼拜的课程。(花,缅甸)

【例 6】每每日子好像很忙碌,一大堆作业,赶不完的报告,尤其最头痛的上台报告,想想跟大一时比比还是有学到不少,记得大一时每次上课老师讲解课程,还弄不清楚,来不及反应,又是下一页,对中文差的我实在是太痛苦了。(苇,缅甸)

【例 7】痛苦是因为课业方面跟不上,可能是因为基础打不好,教学方法也还不习惯,尤其是念书不会抓重点,上课想问问题,也不从何问起,阅读速度很慢,别人两小时可以看完一章,我六小时还没看完,有时真想放弃算了。(文,缅甸)

(四)多重障碍

从上面的叙述中得知,因华文能力不足,侨生多易产生口语表达、课堂听讲、课后阅读、报告书写、人际关系等方面的不适,甚至有些侨生兼有数种学习困难。

【例1】一时之间要我们来接受,写很多的报告,念很多的书,记很多的字,然后看书要把重点抓下来,又不懂得要如何把他背起来,到了考试的时候,明明自己有读,但还是考不得,所以有时候真的很害怕,自己所怒(按:努)力的是否会有代价……在考试场上,每当老师发考题时,我既(按:竟)然不能把重点写出来,结果弄得分数很少,我慢慢地对自己失去了信心,我不知道我在大学的四年生活要如何掌(按:撑)下去。(娟,缅甸)

【例2】且因为我的中文程度不够好,听力也很差,声调又不标准,所以我当然有一点害怕。上课的时候我听不太懂,当然压力就变得更大,还好我们用的课本大部是英文版,不然我一定会被2/3,后来我慢慢的对自己失去了信心。(菁,缅甸)

【例3】一开始来台湾的时候,不太会讲中文,听力方面也不怎么强所以要跟朋友沟通的时候,有点不方便。而且上课的时候,听不太懂老师在讲什么,每次必须问同学,所以有时候上课会让我觉得很痛苦。(樱,日本)

这样具体的反映,为后来“华语文能力测验”的编制提供了异于其他标准测验的思考方向。一是不能忽略学术语境。华语文能力测验的目的之一:“让侨生在来台之前先了解自己的华文程度是否足够适应台湾生活、大学学习、日常沟通。”其中，最困难的是能适应学习，也就说侨生的中文要能成为他在大学里的“学习工具”。中国台湾的大学里，无论教科书采用何种语文，课堂上主要的沟通媒介仍是中文。侨生在大学里需要面对所谓的“学术语境”，这语境包括了专业演讲、对话、阅读和术语。因此在选择测验素材的时候，我们刻意加入了一些专业的文章、术语、成语。二是不能忽略阅读速度。侨生在大学中学习，其同学有80%以上是本地生，教师所要求的阅读、作业也多以本地生的负荷量为准，若侨生的阅读速度只有本地同学的1/5，相对而言，其功课分量就是本地同学的5倍了。因此，编制测验时又需考虑其他相关问题，如限制答题时间、增加阅读文章的长度、提高文章的资讯密度、不刻意编写流畅易读的文章等。三是不能忽略口语测验。从上面同学的陈述中，我们发现在台湾地区的大学课堂上运用口语表达（包括讨论、发问、辩论）的机会很多，如果不能融入，就会降低学习的效果。因此在规划“华语文能力测验（侨生版）”时，也考虑了口语测验。

四 侨生所需面对的语境

第二部分学习难点调查，是从侨生的听、说、读、写、沟通等各项语文能力切入，整理后可界定出“华语文能力测验（侨生版）”必须要测的能力以及其难度。

接下来要探讨的是侨生在求学生涯中可能会面对哪些语境，而包括这些语境的文章则考虑作为测验的素材。本调查进行的方式，是先请本地大学生、教师自由罗列近一年来师生、同侨们讨论过的话题，以及印象较深的新闻主题，而后再加以归类制成表格。此项调查以本地大学生、教师为搜集资料的对象，是因为侨生来到台湾之后，就需面对生活范围里的各种沟通情境，而与他互动得最多的就是本地的同学与老师。

收回问卷整理后，可将情境大致分为三大方向：一是“以生活为中心的主题”，二是“以学习为中心的主题”，三是“与台湾社会接轨的话题”，每个主题之下又分细类、参考子题，最后请华文老师根据教学经验，补充一些“在地人”不常讨论，但却与生活、学习、社会互动息息相关的子题，例如用药须知、交通法规、入境须知、修业规则等。

(一) 以生活为中心的主题

此主题范围为食衣住行、身心健康、休闲等，是较基础、也是日常生活所需面对的语境(表 3－2)。

(二) 以学习为中心的主题

表 3－3 所列的是与大学学习有关的准学术语境，部分内容包括专有名词和术语，测验时希望受试者能依靠既有的语文知识，从上下文推知文章的意思。

(三) 与中国台湾社会接轨的主题

“与中国台湾社会接轨的主题”，是要了解侨生的华文沟通能力，是要有助其融入中国台湾的社会，内含了较多的文化知识、地方色彩与社会动态，对测试者而言是较困难的一部分(表 3－4)。

在规划出三类的语境之后，对测验题的编写会有什么影响呢？以往由不同教师按各自兴趣选择素材、编写试题、组题的方式就要舍弃了,改成先由专人按类别找好资料,交给教师出题,然后再汇整考题,其目的是希望测试的内容跟侨生未来会面对的情境是同质的。这样的试题考的不是文学知识,而是在华文语境中生活、求学的能力。

表 3-2 日常生活范畴的语境

主题	分类	参考子题	参考子题	参考子题	参考子题	参考子题	参考子题
食衣住行	饮食	菜单 餐厅广告	食谱一则	介绍某种食器(例:筷子)	食补 药膳	速食 素食	饮食习惯与文化
	穿着	名牌情结	流行服饰介绍	高跟鞋领带	传统服饰旗袍马褂	衣着与性别	穿着与文化
	居住	租屋启事	居住安全 防火抗震	居住环境	某种建筑风格	某个伟大建筑介绍	购屋须知
	交通	旅客须知	路况报道	车祸报道	行车安全	交通法规	机车性能说明书
身心	身体健康	食品、药品成分说明	瘦身与美容	传染病须知	气候环境与健康	某种器官功能	养生、长寿
	心理健康	谈快乐	压力 情绪反应	IQ EQ	心理辅导	忧郁症	潜意识
休闲	旅游	旅游资讯	出租汽车和车启示	风景区导览	名胜古迹介绍	机票价格调整	火车时刻表
	电视	电视节目表	主持人风格	电视分级	新闻自由	电视暴力	电视广告
	电影	电影剧情	电影从业人员介绍	影展	悲剧 喜剧	影片出租	影片与票房
	运动	运动比赛	服用禁药	运动伤害	一种运动	运动明星	运动训练
	购物	百货公司周年庆	假名牌	讨价还价、售后服务	二手货	批发市场 传统市场	逛夜市

表 3－3 学习主题的语境

主题	分类	参考子题	参考子题	参考子题	参考子题	参考子题	参考子题
人文	文学	文学家故事	评论一篇文章	文学小品	文学奖	某种文学理论	某种文体
	历史	名人轶事	某个历史事件	中国的姓氏	家族制度 宗法制度	历史上的某种制度	历史上的特殊现象
	哲学	易经 八卦介绍	道家思想	儒家伦理	诸子百家	后现代思潮	某个西洋哲学家
	艺术	演唱会 音乐会	艺术家轶事	民族舞蹈	绘画 中西画派	民间戏曲 传统戏剧	云门舞集
社会	教育	义务教育	特殊教育	终身学习	远距教学 学前教育	成人教育	教改议题
	法律	法规一则	犯罪新闻	隐私权	著作财产权	仿冒与盗版	性侵害
	人际	威胁	劝导	争论	讽刺	询问	
	经营	征才启事	管理者的特质	经营理念	员工守则	企业个案	劳资纠纷
自然	生物	介绍一种动(植)物	遗传	复制羊 复制人	基因图谱	某种生物突变	某生物特殊习性
	医学	某种疾病症状	健康保险	医疗纠纷	医学废弃物	传统医学 中医与草药	医疗人员甘苦
	宇宙	气象预报	太阳系恒星/星座	地质 地形	自然现象: 虹、冰雹	天文奇观 流星雨、月蚀	某星接近地球
科技	资讯	手机功能介绍	网络购物	电脑与生活	电脑病毒 骇客入侵	电子邮件	网咖魅力
	新发明	新产品广告	产品说明书	纳米新产品	发明与专利	产品操作手册	分析新产品
教育	学习工具	图书馆使用须知	百科全书检索须知	丛书使用介绍	辞海一则	字典检索方式介绍	百科全书一则
	学习资源	游学资讯	招生简章	教育网站说明	夏令营广告	某大学简介	某科系简介
	课业	翘课	被当	选课须知	退学、休学 转学、复学	试场规则	社力导览
	资讯	校园停水通知	注册须知	(申请)住宿须知	奖学金公告	修业规则	器材使用须知

表 3－4　以中国台湾社会为主题的语境

主题	分类	参考子题	参考子题	参考子题	参考子题	参考子题	参考子题
风俗习惯	传统节庆	端午赛龙舟	元宵盐水蜂炮	清明扫墓	检验中秋月饼	好兄弟与中元普渡	办年货
	现代节日	圣诞节	二二八纪念日	情人节	母亲节	父亲节	儿童节
	国粹	中国武术功夫	书法艺术	象棋艺术	国画	民间杂要	民乐
	信仰	民间宗教	妈祖	风水	星座	算命	扶乩
	风物	美浓纸伞	北投温泉	三义木雕	客家油桐花季	台南关庙面	大甲草席
人伦	两性	结婚 离婚	单身贵族	女强人 新好男人	同志	家庭暴力	性侵害案件
	亲子	小留学生	亲子关系	单亲家庭	组合家庭	家庭教育	翘家少年
	老人	银发族生活	三代同堂	老人安养中心	黄昏之恋	老人公寓	老人疾病
	生死	预立遗嘱	安宁病房	器官捐赠	安乐死	自杀事件	废除死刑的争议
社会议题	环保	森林大火	垃圾分类 资源回收	河川污染	臭氧层	温室效应	噪音污染
	两岸	在大陆创业	台商生活问题	三通议题	统独争议	婚外情	其他
	灾难	地震与复建	空难、船难、海上喋血	台风/豪雨/土石流	山难	恐怖攻击	暴动 战争
	经济	失业率	股市风云	金融风暴	经济犯罪	释出房贷	知识经济
	其他	外籍劳工	选举热潮	出访	少数民族	整形风	哈日、哈韩

五　结语

编制一套语文测验，我们用《词汇频率表》《词汇等级大纲》找出与程度相应的词作为测试范围，也会参考《语法大纲》来编制测验，而有些测验更需将《情境大纲》一并考虑，上述的内容似是《华语文能力测验（侨生版）》的《文化、情境大纲》，所不同的是，由于测试的对象——侨生较特殊，又做了“侨生与华文学习分析”“侨生学习难点调查”“侨生所需面对的语境”三个不同面向的研究，希望得出的具体结论能提高试题的效度。

第二节　听与读测验设计[①]

在中国台湾就读的侨生来自不同的地区，中国语文能力不尽相同，进到本地大学接受教育，其中国语文能力是否有一定水平？虽然他们入学都接受过中国语文测验如 SAT Ⅱ 等级的测验，但基于 SAT Ⅱ 是给美国地区以中文为外语的学生，这样的中文能力能否在课堂中接受以中文传递的大学教育？根据现场老师的分析，不同地区学生因接受中文教育的背景不同，程度有差异。例如由于印尼政府对华语教育采取不开放政策，印尼侨生对中文几乎算是没有接触，相对于马来西亚学生，印尼侨生中

① 本部分节选自柯华葳、宋如瑜、张郁雯《侨生国语听与读理解能力测验编制报告》，《华语文教学研究》2004 年第 1 期。节选时略去了关于中国港澳地区的统计。

文程度不佳。[①] 为协助侨生在台求学并融入本地生活。"侨教会"补助世界华语文教育学会编制一套可以判断侨生中文能力进而作为补救教学参考的测验工具,使侨生在本地能顺利地求学。

一 编制过程

2002 年起世界华语文教育学会着手编制侨生华语文能力测验。测验以初级、中级和高级三类为规模。测验内容包括听力理解、词汇测验和阅读测验。基于侨生的中文能力测验目的是为他们进入大学学习做准备,研究者根据大考中心语体文和文言文的分配比例,设定中级阅读测验 50 题中有 10 题为文言文,高级阅读测验 50 题中有 20 题为文言文。这些试题曾分别在侨大先修班与马来西亚的台北学校与侨校施测。测验结果显示不同地区同年级学生表现的差异不一致,有的题目本地学生没有马来西亚侨生表现得好。这或许是因马来西亚参与测试人数少,或许是题目间的难度研究者未掌握好。至于文言文对侨居地学生来说偏难。详细的侨生华语文测验编制过程请见研究者的报告。[②] 因此几经研究者商议,并请教侨教会专员关于历届回台升学侨生的中文程度,研究者决定取消文言文试题,至于语体文则不分等级而以一份试题其中包含不同难度的试题。研究者分别比较台北学校、吉隆坡侨生和本地学生三个群体在初

---

① 宋如瑜《文化适应与语言学习》,柯华葳编《华语文能力测验:研究与实务》,台北远流出版公司,2003 年。

② 《侨生华语文能力测验报告》,中国台湾世界华语文教育学会,2002 年。

级、中级题本每一题的答对率（难度），挑选出难度介于 0.30—0.70 的题目，再参考各题区辨力和题目中每一个选项的答对率，选出适合的题目，按难度排列。为配合复本有相同的题型与题目数，研究者再次整理题目，并在高级题本里以吉隆坡侨生的成绩为主要参考，挑选出难度介于 0.70—0.89 的题目，再参照其他群体的表现，选出适合的题目。

二　测验内容

挑选后的题目组成一卷，并有复本。测验类型与题型如表 3-5。基于测验只测听力和阅读的能力，因此本测验称为“侨生汉语听与读理解能力测验”。

表 3-5　侨生汉语听与读理解能力测验题型

	题型	题数	测验时间
词汇	填空 40 题，代换 10 题。	50 题	25 分钟
阅读理解	单题 21 题，题组 29 题。	50 题	50 分钟
听力理解	对话 19 题、对话题组 6 题、叙述题 21 题、叙述题组 4 题。	50 题	40 分钟

三　受试

为了建立常模，本测验分别在中国台湾和马来西亚进行。

本地受试：为了解本地学生在测验上的表现以及以他们的表现为侨生成绩的指标，研究者在大台北地区找了一所小学五、六年级学生共 736 人，两所初中初一和初二学生共 858 人，两所高中高一和高二学生共 915 人为受试。

海外受试：为了解海外侨生的答题情形，世界华语文教育学会请求马来西亚吉隆坡地区和巴生地区的独中以及华人中学共三所，每一所的初一至初三，以及高二、高三学生为受试，初一有200人，初二有203人，初三有342人，高二有167人，高三有244人，共1 156人。

本地侨生：为对侨生的学习进程有所追踪，以测试本测验的效度，研究者以区内侨大先修班印尼学生158人、缅甸学生140人为受试。此外，为了解本测验A和B复本的难度一致性，我们在暨南大学请158位侨生接受A和B两份试卷。

四　统计分析

（一）信度考验

1.内部一致性。

本测验在本地或马来西亚测验的Chronbach's Alpha值，除本地高一和高二学生的成绩外，皆达0.70，表示各分测验题目间一致性相当理想（表3－6和表3－7）。而未达0.70的资料可能因受试有偏高的通过率，减少变异性。

表3－6　中国台湾地区学生试题内部一致性分析

题本	年级	人数	听力	词汇	阅读
A	小五	179	0.71	0.78	0.74
	小六	206	0.73	0.77	0.77
	初一	188	0.70	0.78	0.84
	初二	222	0.79	0.80	0.82
	高一	247	0.54	0.49	0.58
	高二	226	0.55	0.42	0.48
	Total	1 268	0.87	0.89	0.89

（续表）

题本	年级	人数	听力	词汇	阅读
B	小五	175	0.73	0.84	0.82
	小六	176	0.75	0.83	0.84
	初一	215	0.77	0.84	0.86
	初二	233	0.80	0.81	0.86
	高一	232	0.52	0.47	0.71
	高二	210	0.54	0.38	0.52
	Total	1241	0.86	0.90	0.91

表 3－7 马来西亚学生试题内部一致性分析

题本	年级	人数	听力	词汇	阅读
A	初一	104	0.77	0.74	0.79
	初二	84	0.67	0.76	0.76
	初三	171	0.87	0.86	0.85
	高二	90	0.79	0.81	0.87
	高三	132	0.83	0.86	0.88
	Total	581	0.87	0.86	0.89
B	初一	96	0.70	0.77	0.80
	初二	119	0.82	0.86	0.90
	初三	171	0.79	0.83	0.88
	高二	77	0.71	0.80	0.83
	高三	112	0.82	0.83	0.80
	Total	575	0.84	0.87	0.90

2.复本信度。

研究者以暨南大学 45 位接受 A 和 B 两本试题学生的平均数和标准差分析复本的差异。结果如表 3－8，皆未达统计上显著差异，表示 A 和 B 两份题本的难度接近。

表 3－8 题本 A 和题本 B 差异性分析

题本	平均数	标准差	t 值*
听力 A	24.73	7.90	－0.82

（续表）

题本	平均数	标准差	t值*
听力 B	25.36	8.49	
词汇 A	29.93	11.25	1.22
词汇 B	28.87	11.74	
阅读理解 A	27.16	9.46	-1.18
阅读理解 B	28.69	12.91	
A 卷总分	81.82	26.72	-0.48
B 卷总分	82.91	31.74	

*皆未达统计上显著差异。

(二) 效度考验

1.建构效度:分测验间的相关。

不论本地学生或马来西亚学生,不论 A 卷或 B 卷,分测验间的相关都达统计上显著水准(表 3-9 和表 3-10)。然而相关系数值不是太高,表示分测验都测类似的能力但是个别测验也各司其职地测所定义的能力。此外,国内高中生的分测间的相关系数是全体受试中最低,如其测验的 Chronbach's Alpha 值较低,起因是本地高中学生通过率偏高,减少变异性。

表 3-9 本地学生各分测验相关表

	听力/词汇*	听力/阅读*	阅读/词汇*
A 题本小五	0.66	0.64	0.72
小六	0.69	0.67	0.73
初一	0.66	0.65	0.73
初二	0.68	0.66	0.73
高一	0.33	0.38	0.27
高二	0.24	0.29	0.35
B 题本小五	0.68	0.63	0.83

（续表）

	听力/词汇*	听力/阅读*	阅读/词汇*
小六	0.71	0.72	0.79
初一	0.71	0.72	0.75
初二	0.77	0.69	0.77
高一	0.30	0.31	0.47
高二	0.34	0.26	0.35

* 皆达 $p<0.01$ 的显著差异。

表 3－10 马来西亚学生各分测验相关表

	听力/词汇*	听力/阅读*	阅读/词汇*
A 题本初一	0.59	0.56	0.72
初二	0.41	0.31	0.52
初三	0.65	0.68	0.75
高一	0.73	0.70	0.65
高二	0.63	0.66	0.81
B 题本初一	0.66	0.64	0.71
初二	0.77	0.78	0.86
初三	0.72	0.76	0.74
高一	0.65	0.69	0.65
高二	0.67	0.59	0.75

* 皆达 $p<0.01$ 的显著差异。

2.效标关联效度。

侨大先修班（2003 年 5 月）有 158 位印尼侨生回中国台湾修习中文，他们入学五星期以后，接受本测验。为了解本测验与学生在校语文科成绩的关系，研究者取得他们第五周的校内中国语文科成绩为效标，进行相关分析，结果显示，本测验与学校中国语成绩有显著相关。

表 3－11　侨大先修班学生的中国语文科成绩和本测验成绩相关表

	国文/听力	国文/词量	国文/阅读	国文/总分
相关系数**	0.50	0.56	0.49	0.59

** 皆达 $p<0.001$ 的显著差异。

3.区辨效度。

不论本地或马来西亚，不论 A 题本或 B 题本，年级间的成绩皆达统计上显著差异，表示题目有区辨力。

表 3－12　本地年级间差异分析(A 题本)*

	Mean Square	Df	F**
听力理解	32 149.05	5	318.76
词汇	29 103.29	5	325.45
阅读理解	35 329.20	5	282.80
总分	288 150.87	5	403.16

* 基于统计资料太多占据论文版面，学生的描述统计将不在文中呈现。
** 皆达 $p<0.001$ 的显著差异。

表 3－13　本地年级间差异分析(B 题本)*

	Mean Square	Df	F**
听力理解	25 763.36	5	230.43
词汇	29 869.38	5	263.79
阅读理解	37 573.23	5	240.10
总分	275 914.33	5	304.12

* 基于统计资料太多占据论文版面，学生的描述统计将不在文中呈现。
** 皆达 $p<0.001$ 的显著差异。

表 3－14　马来西亚学生年级间差异分析(A 题本)*

	Mean Square	Df	F**
听力理解	12 184.86	4	57.90
词汇	5 476.08	4	34.63
阅读理解	10 099.37	4	48.51
总分	72 463.77	4	54.83

* 基于统计资料太多占据论文版面，马来西亚学生的描述统计将不在文中呈现。
** 皆达 $p<0.001$ 的显著差异。

表 3－15　马来西亚学生年级间差异分析(B 题本)*

	Mean Square	Df	F**
听力理解	8 518.19	4	48.10
词汇	9 575.29	4	52.56
阅读理解	12 113.18	4	51.25
总分	87 868.56	4	60.32

* 基于统计资料太多占据论文版面,马来西亚学生的描述统计将不在文中呈现。
** 皆达 $p<0.001$ 的显著差异。

(三) 不同地区学生的表现

为了解不同侨居地学生的表现,我们以暨南大学侨生在本测验的成绩来分析。统计结果显示,A 题本总分上,马来西亚学生显著优于其他两区的学生,缅甸学生显著优于印尼学生。B 题本总分上,马来西亚学生比缅甸学生好,缅甸学生比印尼学生表现好。分测验上也有这样的趋势。这说明不同地区学生的中文表现确实有差异。

五　分数解释

由于侨生回台是为在大学学习,其中文能力基本上应有本地高中学生的程度,因此研究者以本地小学五、六年级,国中一、二年级和高中一、二年级学生为参照标准,解释侨生在本测验上的表现。研究者合并题本 A 和 B 的 95%信赖区间为各年级的分数,以小学五年级学生在题本 A 和 B 的表现为例(表 3－16),若一侨生听力得分在 28—31 之间、词汇得分在 31—33 之间、阅读理解在 27—30 之间,则其中文属小学五年级程度。

表 3－16 小学五年级学生在题本 A 和 B 的表现

分测验	人数	平均数	标准差	95%信赖区间
听力 A	179	29.34	5.93	28.47—30.22
听力 B	175	30.95	6.06	30.05—31.86
词汇 A	179	32.61	6.20	31.69—33.52
词汇 B	175	32.25	7.09	31.19—33.30
阅读 A	179	28.37	6.12	27.47—29.27
阅读 B	175	29.41	7.23	28.33—30.49

各年级得分标准如表 3－17，此表可以作为侨生成绩对照表，大略知道他的中文表现程度。

表 3－17 以年级为对照得分参照表

分测验	小五	小六	初一	初二	高一	高二
听力	28—31	32—34	35—36	37—38	43—44	45
词汇	31—33	34—35	36—39	40—41	46	47
阅读	27—30	31—32	31—34	35—36	42—44	45

六 结语

台湾地区的世界华语文教育学会编制“侨生‘国语’听与读理解能力测验”，目的在测验返台升学侨生的中文能力以作为辅导侨生进修语文能力和修业的参考。测验经过本地和国外学生的测试，测验的信度和效度都达一个标准化测验应有的条件，研究者以本地学生的成绩为对照，发现不同地区的侨生因在侨居地学习中文的条件不一，因此成绩有相当的差距，特别是印尼的侨生。这是目前多数大专院校要求侨生与本地大一学生一起修习中国语文，未特别为侨生开设其能力所需要的补救教学必须要考虑的。当侨生在本地因未掌握学习所需要的语言，其各项学习势必受影响。本测验是各大专院校在辅导侨生学习“国语”时可以采用为判断其能力以为分班依据的工具。

第三节 作文评分[①]

论文考试的最大弊病就是评分不够客观，同一份考卷如果由不同的评阅者评分，所得的分数常常大有出入；尤其在作文的评分方面，更难有客观的标准。

一篇作文的好坏，决定于多种因素，如文字是否通顺、条理是否分明、结构是否谨严、内容是否充实、感情是否真切、见解是否正确等。对同一篇作文，如果评阅者的观点不同，程度不同，态度不同，甚至心情不同，就会给予不同的“评断”。西方的教育测量专家曾对有关的问题做过多次研究，所得的结果显示：作文的评分相当主观，不同评阅者对同一篇文章所打的分数，有非常惊人的差距。Starch 和 Ellion 两位学者曾做一实验，由 142 位英文教师评定同一个英文试卷，以 100 分为满分。结果最高的分数是 98，而最低的只有 50，相差 48 分。另外，美国的 W. A. Maccall 教授曾做一实验，他选了若干篇程度不同的诗文，请几位很有经验的中学教师评定分数，结果其中有一篇，给分最高的是 100 分，最低的竟是零分。这虽然是一个很“极端”的例子，在

① 本部分节选自谢泽文《作文评分研究》，《教学与测试》，新加坡华文教师总会，2003 年。

评定普通的一篇作文时，不可能有这种结果，但这至少可以说明一个事实：在评定作文分数时，很容易流于主观。

一　作文评分实验及分析

笔者最近曾以本地60位中学华文教师为评分者，以中四学生的五篇作文为研究材料，做了一次简单的实验，研究一般华文教师在作文评分上的主观程度。

(一) 评分的教师

参加评分的60位教师绝大多数是经过专业训练的大学毕业华文教师，他们全部有5年以上的教学经验，其中90%以上目前正教导中四的华文。至于他们所任教的学校，21位来自华英混合中学(共17所)，39位来自纯华文中学(共20所)。换言之，这60位教师来自37所中学。详细资料请参阅下表。

表3－18　有关评卷教师的资料(人数＝60)

性别	所代表的学校数目	所代表的学校类型	资格	教学经验
男25人 女35人	混合21人 华校39人	混合17所 华校20所	大学59人 非大学1人	5年(12人) 10年(48人)

(二) 研究材料

在这次实验中，作为研究材料的5篇作文都是中四学生(以华文为第一语文)写的，字数在600—900字之间，体裁上有记叙文、描写文和论说文。为了方便说明，这5篇作文分别以A、B、C、D、E代表，各篇的题目如下：A篇《海滩风光》、B篇《组屋生活点滴》、C篇《我国华人习俗谈》、D篇《图书馆与我》、E篇《我国华人习俗谈》。

笔者所以选 C、E 两篇相同题目的作文，主要是因为 C 篇写得极差，而 E 篇写得极佳，相同题目，一篇好，一篇差，所得的评分结果如何？我们正可以做一个对比。

（三）评分方法与步骤

参加评分的教师坐定后，笔者即分发已印好的作文，每人 5 篇，订成一叠；前后的次序是根据随机抽样的方式排列的。接着再分发已印好的评分标准，每人一份。标准上指示评分者根据“内容”和“形式”两方面评分，内容、形式各占 50%。内容是指作文的内容是否切题、材料是否丰富、情感是否真切、立论是否正确等；形式则指文句是否通顺、条理是否分明、结构是否谨严等。此外，评分标准也规定以下 5 个等级的分数差距。

表 3－19

项目	等级				
	上	中上	中	中下	下
内容	50—42	41—33	32—23	22—14	13—0
形式	50—42	41—33	32—23	22—14	13—0

笔者指示评阅者先细心阅读作文，然后根据评分标准就“内容”和“形式”两方面各评定一个分数，两个分数加起来就是该篇作文所得的总分。笔者还特别指出：这次评分并没有规定多少分才算及格，所以大家在评分时只需根据个人的判断，决定该篇作文属于哪一等级，不必考虑及格不及格的问题。这次评分没有规定时间，但 40 分钟之后，所有评阅者已将评分结果交上。

（四）评分结果

计算 60 位教师所给的分数后，得出下表。

表 3－20 5 篇作文所得分数的差距、平均分和标准差

作文	最高分	最低分	差距	平均分	标准差
A	96	51	45	75.60	10.16
B	85	43	42	63.81	10.79
C	66	28	38	45.36	8.02
D	70	33	37	50.90	8.46
E	93	66	27	82.71	7.73

从表中可以看出:(1)从平均分来看,写得最好的一篇作文是E篇,其次是A篇;其他顺序为B、D、C各篇。(2)在差距方面,A篇的差距最大,最高分和最低分竟相差45分;E篇的差距最小,只有27分。(3)C篇是最差的一篇,但它所得的最高分和最佳一篇作文(E篇)的最低分相等。(4)在标准差方面,A、B两篇所得分数的标准差最大,E篇最小。

笔者研究过教师的评分结果,并仔细阅读了各篇作文,发现以下几点值得注意:(1)同一篇作文,如果由不同的教师评分,分数的差距相当惊人,有的相差竟达45分,最少的也相差27分。由此可见,在集体评改作文时,就算有评分标准作为根据,主观的因素也是免不了的。(2)C篇是写得糟透的作文,文句不通,错字连篇,而且内容十分空洞;严格来说,还没有达到中二的程度。这样的一篇作文,有一位教师竟然打66分;更奇怪的是,这位教师评定最好的一篇作文(E篇)时,也同样打66分。可见有小部分教师,虽然有多年的教学经验,但判断作文好坏的能力仍然大有问题。(3)C篇是一篇毫无水准的作文,但平均分也达到45.36,可见一般华文教师都认为四五十分的作文是很差的了。因此,除非是文不对题,或者是写不完,否则一篇作文所得的分数,很少低过30分。(4)从各篇作文所得分数的标准差来看,E

篇所得分数的标准差最低，只有7.73；B、A两篇最高，分别为10.79和10.16。这显示E篇所得分数比较集中、一致；B、A两篇所得分数较分散、不一致。换言之，评分者对E篇的评断比较一致，对B、A两篇的评断比较不一致。在我看来，造成这种情形的原因可能是：E篇写得很特出，所以大家的判决比较一致；B、A两篇的内容有点不切题，评分者如果发现这缺点就给低分，如果没有发现就给高分，所以判决比较不一致。

(五) 性别对评分的影响

不同的性别对评分的"尺度"是否有影响？换言之，男女教师打作文分数时谁比较严格？参加这次评分的共有60位教师，其中男性25位，女性35位。为了统计上的方便，笔者以随机抽样的方式从35位女性教师中抽出25位，使两组的人数相同。两组教师的评分结果，列于下表。

表3－21　男性、女性教师评分结果比较

作文	最高分		最低分		差距		平均		标准差	
	男	女	男	女	男	女	男	女	男	女
A	90	96	58	63	32	33	74.72	77.44	10.84	7.80
B	85	83	48	43	37	40	69.08	58.84	9.22	10.65
C	66	61	33	28	33	33	47.96	44.00	7.95	8.62
D	70	68	33	33	37	35	52.24	49.72	8.48	8.17
E	93	93	66	66	27	27	83.12	81.60	7.83	7.96

从表中可以看出：(1)在差距方面，男、女教师所给的分数差别很小。(2)在平均分数方面，男教师所给的分数一般上高于女教师(只有A例外)。特别是B篇，男教师所给的分数平均比女教师所给的高出10分以上。

笔者曾用 T 检定法检定男女两组教师所给分数的差异度，

结果发现在评定B篇时，两组教师所给的分数有显著的差异（达 $p<0.05$ 的程度）。至于其他各篇，男教师一般打的分数较高，但显著差异度未达 $p<0.05$。本实验的结果显示：男教师打分的"尺度"比女教师"略松"，但评定某些作文时会有例外。男教师打分略松的原因可能是：女性一般上比较"细心"，在评分时容易发现错误，所以给的分数较低。但这只是一种合理的猜想，事实是否如此，仍待进一步的研究。

（六）任教不同学校对评分的影响

参加评分的虽然都是华文（第一语文）教师，但有的任教于纯华校，有的任教于混合学校。在传统上，华校规定60分是及格的分数，所以教师所打的分数多数在60—70分；混合学校多数以50分为及格，所以教师所打的分数在50—60分，这种不同的评分"习惯"会不会影响教师的评分"尺度"？换言之，会不会华校的教师打分较松，而混合学校的教师打分较严？在60位评分教师中，21位来自混合学校，39位来自纯华校，为了统计上的方便，特用随机抽样法抽出21位华校教师，使两组的人数相同。计算的结果列于下表：

表3－22　华校与混合学校教师评分结果比较

作文	最高分		最低分		差距		平均		标准差	
	华	混	华	混	华	混	华	混	华	混
A	96	91	58	61	38	30	77.23	78.47	10.57	7.89
B	85	85	45	48	40	37	67.61	65.76	10.61	11.05
C	66	61	28	35	38	26	47.90	45.28	8.95	7.81
D	70	66	33	33	37	33	52.57	49.09	9.77	8.31
E	91	93	66	70	25	23	82.71	84.66	7.39	7.11

从表中可以看出:(1)华校教师所打分数差距较大。(2)以平均分数来看,华校教师和混合学校教师所打分数没有显著差别;5篇作文中,有3篇是华校老师打分较高,2篇是混合学校教师打分较高。如果用 T 检定法检定每篇作文所得两组分数的差异度,也同样证明其差异度不显著,未达 $p<0.05$ 的程度。

以上的研究结果否定了一般人的假定,以为华校教师的评分会比混合学校的教师"松"。可能的解释是:(1)纯华校的华文程度一般比较高。华校教师平日看惯了比较好的作文,无形中对作文的要求就会比较严格,这将抵销了"评分习惯"的影响力。(2)在这次实验里,因为有统一的评分标准,而且规定只有等级没有及格不及格的分别,所以教师们不受"评分习惯"的影响。(3)混合学校的教师知道他们平日打的分数较低,为了"公平"起见,他们自动将分数稍微提高。

(七) 结论

根据这次的评分实验,我们可以初步得出以下的结论:(1)在评定作文分数时,就算有统一的评分标准,主观的因素仍然无法避免。同一篇作文,如果由不同的教师评分,分数的差距可能达三四十分。(2)男性教师所打的分数,略高于女性教师所打的分数,但并非评每一篇作文都如此。(3)华校教师和混合学校教师的评分"尺度"没有显著的差别。

二 避免作文评定流于主观的方法

"评定作文容易流于主观",这是个值得注意、值得研究的问题。教育测量的学者曾对这问题做了许多研究,并提出改善的办法。以下所简介的是其中比较普通、可行的几种。

(一)编制作文量表

所谓作文量表就是由专家编制成的各个等级的学生作文样卷。这样卷可以作为评定作文等级的“具体”标准。在华文方面,比较新的一个作文量表,是中国台湾唐守谦所编的“作文量表”。这个量表包括了记叙文和议论文,各有作文样卷15篇,代表台湾五年级至初中三年级学生的成绩;每一年级各有记叙文及议论文的样卷3篇,分别代表上、中、下三个等级。教师在评分时,只须将学生的作文和量表中相当年级的样卷做一对照,就可以评定学生成绩的等第;如相当于某年级的“上等”样卷,就批“上等”,相当于“中等”“下等”就批“中等”“下等”。

作文量表的编制,使评分者在评分时有具体的样卷可供比较,这将有助于提高作文评分的客观程度;而且这种评分法相当简便、省时,所以其优点是不可否认的。但是,同一种体裁的作文,在内容和表达方式方面可以有很多变化,如果只是体裁相同,而题目并不接近,要加以比较就会有困难。

(二)规定明确的评分标准

为了使评分者在评分时有统一的标准,设题委员会或评卷主任应先规定评分的项目,以及各项目所占的分数比重,例如内容占多少分?文字的通顺程度占多少分?条理、结构又占多少分?这些都要明确规定。此外,各项目分几个等级?各等级的分数差距如何?也要清楚规定。虽然有了明确的评分标准,但怎样的内容才算好?文字方面要达到怎样的水准才能列入“上等”?这又免不了靠主观评断。要减低主观的程度,评分者在评分前最好先抽取部分卷子,并讨论怎样判断作文的等第,大家达到一致的意见后才正式开始评分。在评分过程中,如果遇到不容易下判断的作文，应该提出来和其他评卷员讨论。

（三）拟定具体、详明的作文题目

作文的题目如果具体、明白，作答者就能清楚题目所要求的是什么，而不至于写出不切题甚至离题的作文。评分者对这类作文最容易产生不同的看法，因而使评分结果不一致。我们试看看以下两组的作文题。

A组：(1)月夜　　B组：(1)描写月夜的景色

(2)夕阳红　　(2)黄昏的景色

A组的题目虽然简洁而且比较有“文艺性”，但不够明确，作答者可以套入各种内容。他可以写景色，可以写一件难忘的事，也可以写一个难忘的人等。究竟哪一种内容才显合题意，那就见仁见智了。或者有人说A组的题目比较“活”，学生可以自由发挥，但考试和平常练习不同。在练习作文时，有老师在场，学生如果对题目有疑问可以随时发问，所以教师不妨出这类简洁而且有发挥余地的作文题。在正式考试时，学生只能自己理解题目，不能询问别人。在这种情形下，题目越清楚越好，以免学生因一时大意，误解题目。在测验、考试时，“客观”和“准确”重于一切，题目好看不好看是次要的。近几年香港中学会考的中国语文试卷出题方式相当“反传统”，有些教师可能讥之为“洋化”。但无可否认的是相当明确、清楚。这里特从1975年度的试卷中抄录两个题目，以供大家参考：

(1)游记一篇，内容必须包括下列四点

a.时间：初夏某假日。

b.地点：新界某离岛一山坡上。

c.天气：初时晴朗，后来突然雷雨交作。

d.结果:乘兴而往,败兴而返。

(2)某日你接到校长的通知,说你因中学会考成绩优异,获得攻读大学预科的奖学金。试抒写出你知道这个消息时的心情和感想。

(四)由多人评阅同一卷子

无论采用哪一种评分法,评分者的意见是很难完全一致的。为了使作文的评分更公平、客观,最好由两个或两个以上的评分者共同评阅一篇作文,然后以"平均分数"作为该篇作文的成绩。不过,有一点必须注意:在评分时,第一个评卷员的分数应该写在另外张纸上,不可直接打在作文上,以免第二位评卷员在评分时受前一个评卷员的分数所影响。一般上在公共考试或举行作文比赛时,都会采用这种办法。

(五)改善考查的方式

传统的作文考查方式是命题作文,由受试者根据规定的题目,写出合乎规定字数的作文。这种考查方式的缺点是:题目的取样太狭窄,不能全面地考查受试者的写作能力。此外,评分者只根据一篇作文,一次的"判断",就评定受试者的成绩,评错的可能性很大。为了较全面地考查受试者的写作能力,并使评分更为客观,有些专家曾尝试改革考查作文能力的方式。例如:中国台湾的"中华儿童教育社"曾编制《作文基本测验》,考查的项目包括填字、选词、组织句子、写出意义相反词、改错、标点、删字、伸展短句成为长句等,共计100题,适合小学至初中的学生。依笔者的看法,作文能力是综合性的,包括组织力、逻辑力、想象力以及语文表达能力等。但《作文基本测验》所考查的其实只是"基本"的语文表达力,项目虽多,但考查的内容不够全面。比较合理的是“多段短文写作法”，由学生多做几段短文，然后以各段短文所得分数的总和，作为作文的成绩。程法泌教授曾指导林天明编制《多段短文写作测验》(见程法泌著《心理及教育测验实施法》，台湾中华书局)，共有10个考查项目：(1)替一篇短文加上适当的题目。(2)根据一个作文题目拟出写作纲要。(3)写出不喜欢某一个科目的原因。(4)写一段短文，记述小学运动场上平常活动的情形。(5)写出文章的大意。(6)写一段短文，记述夏天中午的太阳。(7)写一则遗失钢笔套的启事。(8)写一段短文，发表你对文章内容的意见。(9)写一张明信片给某杂志社，查询所订的杂志是否已经寄来。(10)缩短一篇故事。

这种考查法的优点是取样比较广，而且评分时教师逐项打分，各项又定有一定的评分标准，所以可以大大减少评阅者的主观影响。不过，将学生的各项的写作能力合起来，是否就等于总的写作能力？换言之“部分”的能力是否相等于“整个”的能力，这是值得研究的。这种测量方法，据程教授实验的结果，其信度系数为0.87；若以单题长文写作的成绩作为效度标准，其效度系数达0.76—0.78，这结果相当令人满意。但一种新的测量工具的效度，不能单靠一两次实验就可以完全肯定的，所以对这种考查方式还有进一步实验的必要。

在语文测验或考试中，作文的分数占了很大的比重。作文评分如果不够客观，就会影响到语文测验的准确程度。所以，怎样使作文评分客观化，这是个值得大家努力探究的课题。

第四章

华文教学评估

第一节　评估策略[①]

评估是华文教学的现实的指挥棒，当它与课程、教学欠配合时，不可避免地会衍生负面的影响。以下是三种我们经常可以听到的说法：(1)很多学生学习死记硬背，甚至背词语手册，能力低弱！有人说，这是考试负面影响造成的——学生为了得到语文基础部分的基本分不得不死记硬背，死记硬背多了，能力必然不高(出现能力问题)。(2)学生华文学习兴趣低弱！学生开始学华文是有兴趣的，家长也支持孩子学华文，甚至以英语作为主要家庭语言的家长也有92%认为学习华文是重要的。[②] 只是后来教学不得法，如过多的无意义操练，致使学生兴趣索然。为何要操练？有人说，这也是由考试逼就的(出现兴趣问题)。(3)华文教学以词语教学为重点，使教学变异！有人说，这更是由不当的考试影响的结果——为了应付现行考试，教师不得不花很多时间来处理字词(出现教学问题)。以上三种说法都把评估看作洪水猛兽、万恶之源，尽管事实并非全然，但我们却不能充耳不

① 本部分节选自祝新华《华文科校内评估的改革：九个策略》，《新加坡华文教学论文四集》，新加坡华文研究会，2006年。

② 新加坡华文课程与教学法检讨委员会《华文课程与教学法检讨委员会报告书》，新加坡教育部，2004年。

闻,而应积极改革,克服时弊。

其实,再完善的评估也须不断改革。这是因为,一些考法本身“无罪”,甚至有功,但是用久了,当有人采取一些特别应考对策,这些考法就会对教学带来严重的负面影响,这时它们就“有罪”了。例如,分点式测试可有效地评核语文知识与技能而且评分方法方便客观;作文测试“二选一”“三选一”或“四选一”的做法有利于避免题目偏向,使各类学生有东西可写,它们都曾是“功臣”! 但是,有学生通过背词语手册应付分点式测试中的词语解释、造句,有学生根据有选题写作的机会,平时只攻某种文体的写作,它们就带来了死记硬背、片面学习等负效应,这些考法必须改革甚至丢弃。我们改革考试,目的并不是否定以往的考试,或说以往的考试如何不好,现今设计的新评估系统日后也必须接受新一轮改革的洗礼。

那么如何改革现行的评估?如何设计新的评估系统?这里概括地提出一些策略。

一 目标参照的评估

课程变评估也要变,没有相应的评估再好的课程也会落空,这是人们已接受的认识。其实,我们还可再往前走一步:通盘考虑课程与评估,重视评估与课程的互动。如香港设计中文课程引入“评估促进教学”的理念,[①]新加坡修订华文课程时在“种子计划”中推出教师培训计划,探讨、尝试新的评估方法,以更新教师的评估理念。这些都是努力发挥评估正面作用的有益尝试。

新加坡小学离校考试(PSLE)、新加坡－剑桥普通教育证书

---

① 课程发展议会《中国语文课程指引》(小一至小六),香港教育统筹局,2004年。

"○"水准会考等校外评估主要起甄别、选拔的作用，是典型的常模参照评估，而校内评估绝大多数是目标参照评估。但现在的校内评估，从试题结构到分数解释都采用常模参照评估的做法，严重存在目标常模化的问题。①

表4-1 校内目标参照评估

	现行常有的不当做法	"目标参照评估"的做法
追求功能	重在客观评定学生的水平，强调评分客观方便。	重在了解学生完成课程的程度，促进教学，即使选拔性的校外评估也要重视促进教学的作用。
试题编制	试题编写多考虑难度中等，有区分度，拉开学生的分数距离。现行评估尚未充分考虑与课程配合，课程中有的内容明确或变相规定不考，出现教学与评估的"双片面"。②	多考虑与课程配合，体现课程目标：(1)所有重要内容(广度)、深层要求(深度)都可能被评核。(2)按照课程设计理念(如积极思考、重视自学等)组织教学，学生在评估中会有好表现，否则这些理念可能会沦为聋子的耳朵。
	现行校内评估小学自四年级开始采用PSLE的题型、中学从一年级开始采用"○"水准考试的题型。	根据各年级/年段学生的学习目标设计评估结构、题型，多从引导学生学习的角度考虑设题。
分数解释	重在通过比较把学生排队，成绩等级通常只表示学生在某群体中的相对地位。如A等，我们只知道该生名列前茅，并不知其语文水平究竟如何。	重在与课程目标或某标准进行比较，了解学生目标的达成度或语文水平高低(知道什么、能做什么)，清楚已取得的成就与进步，以及还存在的问题。
	对再好的学生群体也要找到一定比例学生作为差生；相反的，对再差的学生也要找出相当比例的优生。	对某学生给定等级或分数不受其他学生表现的影响，某生达到什么水平即得相应的等级。

① 祝新华《为促进学生更好地学习实施目标参照测试》，《教育曙光》2005年第51期。

② 祝新华《建构能力发展导向的语文评估模式——新加坡华文评估问题与改革探讨》，《华文学刊》2004年第3期。

推行目标参照测试要以课程为基础发展语文水平等级标准。特别是对于口头演讲、研究报告等建构性反应评估(相对于选择性反应评估)要详细说明学生要达到的预期成绩和水平(表现性标准),这样可提高评分的一致性,且有利于学生了解教学的期望和目标,不必猜测最重要的学习内容,从而促进教学。①

评估设计与课程发展部门要通力合作,把对教学的促进作用作为自己的重要追求目标之一,而不再认为"我只管考试,只要选出该选的学生即可,而如何更好地教学那是其他部门的事情"。强调评估与教学分离的时代已过去。

教师可以从目标参照评估中得到教学反馈信息,了解学生达到教学目标的程度、存在的问题,从而有效促进学生发展。因此,目标参照评估可更好地发挥评估对完成课程的积极导向作用,高效地落实华文课程。从学生角度看,评估结果可使学生了解自己的成就、进步,使自己更全面地、有信心地、积极地学习。

二 进展性的评估

从测试的时间看,现行评估通常只重视正式的评估,如CA1、CA2、SA1、SA2等,忽视观察学生的平时表现。这种评估既不能全面评估学生的表现,也不能长期激励学生的学习。学习是持续的历程,评估除了要重视学习成果,也要重视学习过程。基于这方面的考虑,可以用"正式测试+发展性评估(日常评估)"的方法。发展性评估包括平时作业、课堂提问、课堂观察、口头汇报、进程档案、多元活动等。

---

① Arter,J. & McTighe,J.《课堂教学评分规则——用表现性评价准则提高学生成绩》,中国轻工业出版社,2005年。

会考等校外评估除了“统一考核”外，还可设“校本评估”，而校本评估可采用发展性评估的模式。

从测试手段看，现行评估通常采用纸笔测试，纸笔测试未必能较好地评核实际运用能力、综合活动能力，可尝试使用“纸笔测试＋多元活动”的模式。多元活动包括阅读、创作、表演、演讲、研究、报道等方面的内容，可根据学校传统、学生特长采取多种形式。[①] 这种语文活动可通过两种方法评估：在成绩报告中写上评语，以体现学生的特殊才干；以一定比例计入语文总分。日后的一些校外评估，也会把“校本评估”的计分按一定比例计算在内，如香港2007年后的中学会考就如此。[②]

进展性评估对于提高评估的科学性、发挥促进教学的作用有着多方面的意义：(1)全面考查能力，获取全面的反馈信息。(2)长期促进学生努力学习，并分散一次性考试压力。(3)鼓励学生参与各种活动，灵活运用所学知识，为学生准确理解和运用语言创造条件，调动学习主动性，激发学习兴趣。(4)建立培养专才摇篮。学生今天的特长，可能就是明天工作中的专长，更可能是后天成为专家的基础。(5)带动其他相关能力的发挥。如开展专题研究时，访谈可提高听说能力，查资料可提高阅读/信息处理能力，撰写报告可提高写作能力，口头报告则可提高说话及辩论能力。(6)通过合作形式的学习，建立参与、分享、探讨的学习风气，营造出和谐、积极互动的学习氛围和真实化的情境。

---

① 祝新华《测试角色的转变：从扼杀创意到促进创意》，张爱东主编《有效教学快乐探究——让创意与想象放飞》，新加坡 Thomson Learning，2005年。

② 香港考试与评核局《香港中学会考中国语文科水平参照等级描述与示例》，2004年。

三 能力导向的评估

从教学目标角度看，华文教学应通过丰富语文知识、培养技能提高学生的语文能力，但单纯地掌握知识、技能并不是语文课的最后目标。

语文评估不可忽视语文知识与技能，但如何评核知识与技能却值得讨论：(1)常专门、独立地评核知识与技能，如孤立地解释字词意义、选词填空等，把大脑作为贮存、再现知识的容器。(2)尽可能在实际运用中评估知识、技能、视大脑为一个复杂的认知处理器。前者会导致学生死记硬背，致使通过硬背词语及操练各种习题成为应付考试的最好方法（新加坡华文课程与教学法检讨委员会，2004），后者促进学生更有意义地学习，并积极提高能力。我们的努力方向十分清楚。

与能力导向相关的一个急需探讨的问题是，要评核哪些能力？现在，我们已不能再局限于语文特殊能力范畴，而应有更宽广的思考视野（表4－2）。

表4－2 校内语文能力评估项目

范畴	举例	重要性
1.听说读写的基本能力	评核聆听、说话、阅读、写作能力、自学能力等。新加坡小学低年级重视听说能力。	此为核心要求，其他能力往往是这些能力的综合运用，或是在这些能力的运用中得到体现。
2.解决问题的实际能力	体现学生今后在生活与工作中的实际能力。	语文教学的终极目标，是对学生未来语言能力的预测。
3.较高层次的认知能力	体现分析、综合、评价、创新等能力。	现今时代对人才的要求。

（续表）

范畴	举例	重要性
4.显示特长的特别能力	根据学生个别差异、展示演讲、创作、表演等特长。	语文素质、个人专长甚至未来专业发展的基础，收生、招工部门十分关注。

评估以能力为导向，反映学生实际能力，借此也可引导学生更重视能力训练，使教学更好地体现时代的发展需要。同时，保持、激发学生的学习兴趣。

四 真实性评估

语文评估通常因过分强调考核基础知识、基本技能，问题情境往往脱离现实，存在“要考的没用，有用的不考”的倾向，出现高分低能现象。

当代评估强调，设计与工作或日常生活出现的问题相似的题目，以提高对未来生活表现的预见功能。① 多元智能理论，也要求把被评估者置身于相当复杂的环境中以评核适当的智能。② 真实性评估与情境性评估有相似之处，我们要注意：(1)采用有意义的语境。如在篇章语境中评核字词的理解，不要为评估而专门设计一些孤立的词语解释一类的题目，因为这会反过来引起学生的操练。低年级的口语与识字考核，也要注意在适当的语境中进行。(2)采用接近现实生活、工作中的语言问题，贴近学生生活经验和想象世界，融合社会生活。当然，我们不要一份试卷内的所有试题都具有这些特点，但至少应有相当

① Ruddell, R. B., *Teaching Children to Read and Write, Becoming an Effective Literacy Teacher*. Boston：All & Bacon, 2002.

② 霍华德·加德纳《多元智能》，沈致隆译，新华出版社，1999 年。

比例的试题应该如此。

强调真实性评估，要求少背多用，有利于评估学生的华文实际水平。引导学生开展有意义的语文活动，增加实际运用语言的机会，使听说读写能力在实践中发展。同时，还可激发、保持学生的学习兴趣与爱好。

五 综合性评估

经典的测量学特别是标准化的学业成就测试，多用分点式试题，孤立地评估听、说、读、写内容的分项知识与技能。从教学角度看，这种测试重视字词训练，追求语文知识的完整，引导打好基本功。但由于把知识割裂开来，使知识成为一个个缺乏联系的小孤岛，因此，这种考法既考不到能力，也降低了学生的学习兴趣。

在现实生活中，人们需要学生综合地运用听说读写能力。如要求华文老师写一份教改计划书，往往要先看看以往相关文件、有关报告（阅读），可能还要问问同事该往哪些方面着力（听说），最后才正式写计划（写作）。因此，能力评核往往要采用综合性评估形式。

综合性评估强调整合、综合运用听说读写能力解决问题，把知识建立纵向、横向的联系，并有所拓展。

表 4－3 校内综合性评估

	现行常有的不当做法	“综合性”评估的做法
题眼	分项、直接考知识、技能（填词/选词/选句：分点式）。	综合运用多种听说读写知识与技能解决问题。
题式	题小量大，在短时间内尽可能多地把知识简单地倒出来。	题大量小，一题多能，有时间深入思考，展示高层级的认知能力。

（续表）

	现行常有的不当做法	“综合性”评估的做法
追求	强调覆盖面广，引导打好基本功。	强调多考能力，促进能力的发展。

香港一项对中五学生的研究，要求学生在一个半小时内，听一段录音，读7篇文章（其中有的是无用信息），要求写一篇演讲词（香港考试与评核局，2004）。该题综合性地评出听读写能力，其中特别考虑了快速阅读、选用并灵活运用合用信息、建立读者意识、体现评价与创意等能力。

以下2004—2005学年二年级第二学期语文期终检测中的一道试题，对低年级的小学生来讲，也有综合评估的性质。①

“锄禾日当午，________。谁知盘中餐，________。”还记得《锄禾》这首诗吗？他的作者是唐朝诗人李绅，下面讲的就是他的故事。

李绅的写作态度很认真。他每写完一首诗，都要十几遍，甚至几十遍地诵读、修改，直到满意为止。李绅从小和农民生活在一起，亲眼看到农民的辛苦，于是，他决心写一首诗，来表达对农民的同情。那时候正是盛夏酷暑（shǔ chǔ），天气又闷又热，人们都摇着扇子乘凉，只有李绅坐在蒸笼似的小屋里埋头写作。他的脸上、身上满是汗水，衣服全湿透了，两只细瘦的胳膊被蚊子叮了一个又一个疙瘩，可他一点也不（在　再）乎。想啊、改啊、改啊、想啊，写了又改，改了（在　再）写，历经了千辛万苦，终于完成了《悯农》这首诗。

① http://www.cnyww.com/shou/asp? id=14486，访问于2005年8月15日。

人们在赞美这首诗的同时，对李绅刻苦认真写作的态度更是赞叹不已。

(1)把文中横线上的内容补充完整。

(2)在文中括号里选择正确的答案，在下面打"√"。

(3)你从第2段哪一句感受到了李绅写作的认真，在下面画"________"。

(4)李绅写作真是认真刻苦啊！我们学习也应该这样。你能写一条关于认真读书的成语或者名言警句来激励自己吗？

(5)《悯农》这首诗中"________，________"两句表达了李绅对农民的同情。

本题通过唐代诗人李绅的故事，考了积累、识字、拼音、理解、写作等能力，具有一题多能的性质。

综合评估有利于考核学生的实际语文能力，避免出现死记琐碎知识的问题；把语文学习的最终目的落实到能力培养上；激发、保持学生的学习兴趣，调动学习积极性。

六　活泼的评估

现行小学低年级测试，经常要求学生填字、拼音、造句。形式呆板、单调，缺少变化；内容琐碎，缺乏联系；答案固定，缺少发挥的余地。指导语更是从一个模子里铸出来，规范有余，灵活不足。有的试卷似玩文字游戏，过多要求拆字、拆拼音、限定性填空、默写等，使学生只见树木不见森林，把本来有意义的知识建构变成了无意义的内容。[①] 凡此种种，只能使学生对试卷感到

① 张琳《小学低年级语文试卷设计的建议》，www.anyang.gov.cn/idb/htmls/jyw/files/showinfo.asp? infoid=665，访问于2005年8月15日。

单调、乏味、厌倦。

为此，有必要探讨如何使评估灵活多样，富有情趣、美感。(1)形式多样。如听一听、说一说、看一看、写一写、画一画、连一连、猜一猜、想一想、涂一涂等，使学生轻松、愉悦。(2)图文并茂。配上精美、富有情境的图形标志，把测试融入生动有趣的情境中。(3)指导语灵活、生动，使学生入情入境。指导语示例："你能解决这个问题吗？相信难不倒你！""试试看，你会成功的！""做完这些题目后，你想对老师讲什么悄悄话？请你写下来好吗？""仔细观察下面的字，想想办法，看你最多能变出几个字。"(4)低年级的学生可采取喜闻乐见的激励形式，如给鼓励卡、荣誉卡，插小红旗，贴小星星、大红花，盖图章(太棒了，有进步)等，以表扬学生取得的进步，或上课积极发言、认真完成作业等好表现。(5)评选学习明星。根据学生在各方面的表现，在班级评选各类明星，如表演之星、阅读之星、创作之星等。通过这类评估，让每个学生体验成功和学习乐趣。

灵活的评估尽可能使评估符合学生的心理，生动活泼，充满感情色彩，使学生在自由、开放、放松的心理环境中接受评估，激励想象、思维，调动学生的积极性，降低考试焦虑。

七 有弹性的评估

社会要求有多种多样的华文人才，学生的兴趣、特长表现更是不一。现行的评估对所有学生采用统一的、偏狭的标准。这会出现两个问题：(1)"制造"差生。从某种标准看该生是差生，但由另一标准看该生却可能是一个优生。问题是，这个偏狭的标准用久了，该生总是得不到好表现，在集体中总是抬不起头，最后成了真正的差生。(2)埋没特长。制约优异学生的培养。

新加坡小学华文课程引入单元教学模式,如设导入单元、核心单元、深广单元等部件,PSLE只考核心单元的内容。要求课程更具弹性——灵活性与伸缩性,照顾学生个别差异(新加坡华文课程与教学法检讨委员会,2004)。如果很好地实施,这种模式对学生的发展会产生积极作用。

与单元课程相对应的是华文评估,特别是校内评估也应该具有弹性的特点,为此在此提出"弹性评估"一说。

这种评估尊重学生的差异,允许多样化的表现,展示才能,彰显个性,突出创造,为所有人创设成功的机会。以下都是尊重学生差异的一些做法,可以尝试实践:(1)连续式试卷。编制三份试卷:基础卷、反馈卷、提高卷。学生先做"基础卷",考查基础知识和技能;如该卷做得欠理想,通过"反馈卷"查缺补漏,强化学习;如"基础卷"做得很理想(或平时程度较好),可继续做提高卷。(2)自选式试卷。编制三份不同难度试卷:最难、中等、最易。学生根据自己的程度选择一份试卷应试。(3)加设"聪明题"或"挑战题"。即在试卷最后,加设一二个较灵活的或综合性较高的题目,由学生选答。该题可不计入总分,但可在评语中做出说明。要注意的是不仅表现在量上多一题,重要的是在考核广度与深度上的区分,其中深度可指思考深入,灵活、综合地运用知识。如某二年级的挑战题的指导语为"祝贺小朋友就要完成考试任务了。为了发现一部分更聪明的小朋友,老师还准备了两道附加题,你有兴趣试一试吗?",既有挑战性,又有人情味。(4)多次应考机会。如果对成绩不满意,学生(包括好生)可要求在充分的准备之后重考。如对重考成绩仍不满意,可允许学生再次申请重考，直到满意为止。(5)在进展性评估中，学生根据自己的兴趣、特长选择语文活动参与评估。

弹性评估有多方面的好处，如：(1)突显每个学生的优点、特长，使学生有成就感。多一把评价的尺子，就多一批有个性和创新的人才。[①] 多一把尺子，就会多出一批好学生。[②] 实现"你在这点行，我在那点行"的"我能行"教育理念。[③] (2)尊重、照顾学习差异，所有学生都有表现机会，体验成功的乐趣。如：对优生(既有能力又有兴趣的学生)有足够挑战，避免了为照顾差生而埋没优生的发展特长的问题；差生也不会感到太过困难而影响学习兴趣与信心，也避免为使优生得到发展而放弃差生的做法。

如此改革一定会增加教师的工作量，这就要思考：教师付出这些劳动是否有价值、高效？从使学生得到最大限度的发展，增强学习主动性、积极性方面看，值得一试。有人认为这样做不公平，但我们可想想校内评估的终极目的是什么。学生努力学了，达成了教学目标，不正是我们评估的终极目的吗？优生可能会抱怨差生多次应考才得高分其"含金量"不高。为此，我们要引导学生淡化相互比较，强调个人的进步，强调评估的真正目的。

八　*激励性评估*

现行评估有"找错－批评"的性质，其间有这样的一个假设：

---

① 潘永庆、孙文彬、路吉民《多元评价：创新教育的有效机制》，山东教育出版社，2004年。

② 齐国贤《参与教育及其评价的校本研究》，陕西师范大学出版社，2003年。

③ 刘永胜《小学日常评价与期末考试改革的探索——北京市光明小学"我能行"教育评价改革》，陕西师范大学出版社，2003年。

表 4－4

A. 找出学生的学习问题，给予严格的批评。	⟶	B. 学生认识错误，努力学习，获取成功。

问题是，如学生充满挫败感，总认为“我不行”，他们就不会努力学习。即有条件 A，不一定会有结果 B。

表 4－5 激励性评估

	现行常有的不当做法（找错－批评）	“激励性评估”的做法
评估重点	找学生的问题、不足之处；给予严格批评。	找学生成功之处，个人进步、成就；多鼓励，给具体建议（知道并积极改进）。
可能结果	学生有挫败感，笼统地知道存在问题但不知如何改进，只能是“死不悔改”，“永不得翻身”。	学生有成就感，有学习信心，并真正知道如何具体改进。

* 参考“赞赏－建议”型评估。①

（一）正面评估

传统评估是展示学生不好的一面、弱点，学生往往得不到成就感，甚至失去信心。现代评估则倡导侧重展示学生能干、美好的一面，提示取得了的进步、成就。以下是试卷实例。

选出你认为写得好看的 10 个字，写在田字格里。

默写一首你最喜欢的诗。

找自己最喜欢的一个主题，写一段话。

选用一项自己最喜欢的活动，表现你的语文能力。

（二）自选内容体现特长

学校可设一些项目，如通过朗诵、讲故事、表演、书法、说相

① 祝新华《发展“赞赏－建议”型的评估方式——以华文科写作评估为例》，《新加坡华文教学论文三集》，新加坡华文研究会，2003 年。

声、调查报告、读书报告，让学生自由选择最擅长的一项“露一手”，以一定比例计入总分。班级中没有最差的学生，只有在不同方面表现出色的学生。

（三）重视定型评估、模糊评估

评估通常用百分制、等级，没有数字似乎就是不评估，不能数字化的内容就不能评估，这样把一些很重要的学习内容排除在评核之外。为此，我们变百分制为定性制。①

其实，可尝试使用模糊评估，可不计分，追求对学生积极引导作用。如：

好样的、学得不错、再努力呀！

真棒！挺满意！加油！

通过肯定、赞赏，使学生自信、欣赏自己，保持学习兴趣，和谐发展。

（四）适当的评语

1.激励性。尊重、鼓励每个学生，更多地表示学生有进步，给学生信心。可以采用谈心式评语，特别是对差生，措辞更应谨慎，要保护自尊心，对未来充满信心。

2.恰当性。恰如其分，经常的随意性激励（俗称“戴高帽”）会产生消极影响，使学生对自己盲目乐观。

3.针对性。让学生了解自己的不足，具体知道如何改进。

4.挑战性。

5.可达成性。

（五）宽容犯错

学生在成长过程中，必然有不足，一定会犯错。学生在克服

---

① 张琳《小学低年级语文试卷设计的建议》。

不足中进步,纠正错误中发展。中国康乐里小学“无错原则”,允许学生答错、落后,不过分强调“错误”,以降低学生的焦虑,促进大胆地、自由地、能动地参与学习活动(齐国贤,2003)。“今天若不行,明天争取行”,“能正视不行,也是我能行”(刘永胜,2003)。

(六) 强调纵向比较

学生可以自己与自己比较,只要进步了,哪怕仍较其他学生差,也算成功。克服常模参照评估的影响。

(七) 尝试优生免试制

成绩突出学生可不参加期末考试,设此荣誉以激励学生平时努力学习。南京琅琊路小学每学期每门学科、每个班级都有学生免试。免试生根据平时单元测试、练习测试以及上课情况进行综合评定确定,免试生在全校以喜报形式张榜公布,有学生说“看到自己的名字公布在学校的免试红榜上,非常自豪”①。

采用这种评估并不一味地表扬或藏拙,特别对于自制能力不强、过于自信的学生,更可适当地批评。批评要先了解问题情况及其原因,告诉学生问题所在(能理解/能接受)、以后应该如何(能改进),要对事不对人。目的是,既要让学生看到自己的优点和进步,也认识到自己的不足。

“赞赏-建议”型评估的好处是:(1)挖掘每个学生的闪光点,人人都有成功的机会。(2)激励学生,对学生的学习表现应给予正面的评估,肯定他们的努力,鼓励他们的向上。学生知道自己取得的成就,有成功体验。(3)增加乐趣,激发兴趣,愉快地学习,提高自信心,引发学习动机,调动积极性。(4)学生从知道

---

① 戴嵩松《学生可单科免考 折纸故事成考试内容——南京琅琊路小学考试评价有新意》,《中国教育报》,2005年1月26日。

自己的不足,明白如何真正改进。

九　多主体的评估

以往的学校评估,主要是由教师单独进行。家长所可做的事情,主要是看学生的学习得分,并签上自己的大名。

多主体的评估,除了教师外,还鼓励学生本人、同学、家长参与。特别是学生自我评价,一方面提高学习积极性和主动性,另一方面也提高了他们的自我反思能力。这方面,在作文评分已有较多的尝试(祝新华,2003)。这方面要注意:首先,确定合适多主体评价的内容,并非所有内容都使用这种评估。其次,发展明确的评估标准,以防评估散、大、空,流于形式。甚至出现家长抱怨教师推卸责任、教师抱怨家长不够配合这样的局面。学生之间要关注彼此的优点与长处。最后,学生互评要注意淡化等级和分数,同学之间少做比较。否则,学生可能会互不服气,过分找问题、挑毛病,甚至不断指责对方,影响学习气氛,达不到预期的效果。

由于评估不仅在学校,而且对社会也有很大的影响力,因此,老师、学生、家长都十分关心它的变革。然而,尽管人们都对现行的评估十分不满意,但真正改革评估时,人们又可能把评估的改革视为威胁,因为有了新评估,就意味着要学生重新适应,且有可能得低分。① 吐故纳新,不断扬弃,这是考试发展的必然规律。只有这样,华文评估才能为学生的成长带来应有的作用。

---

① Capper, J. 1996, *Testing to Learning – Learning to Test*. *Washington*, D C, the International Reading Association and the Academy for Educational Department, p.3.

第二节 评估方式

一 多样化的评估方式[①]

采用什么评估形式直接影响评估内容,制约学生的学习方式。在华文教学、评估领域,学生片面学习、机械操练、高分低能、无心乏趣学习的现象仍在一定程度上存在。这里主要探讨如何设计灵活多样的评估形式,引导学生生动地、活泼地、综合性地学习,并重视、提高华文能力,激发、维持华文学习兴趣。

(一) 开展活动性评估

现行的读写评估多局限于纸笔测试,未能全面反映学生的学习表现。我们可尝试采用更为多元化的评估,如学校根据学生的兴趣特点、老师的特长、学校的传统选用、设计一些活动作为华文评估项目(表 4-6)。学生在这方面的具体表现,可以一定的比例计入正式的华文评估中。

表 4-6 活动性评估项目

范畴	项目例举
阅读活动	读书报告、阅读笔记、读后交流
综合活动	专题研习、学习档案、演讲、表演、经验分享、访谈、读写故事、读写小说、读写剧本、读写演讲词

① 本部分节选自祝新华《探讨灵活多样的华文评估形式》,《新加坡华文教学论文五集》,新加坡华文研究会,2008 年。

这种形式无论是对于教学还是评估都有积极的意义：(1)互为补足。纸笔测试与活动评估、平时测试与统一考试相配合，全面评定学生的表现。(2)降低风险。考虑学生平时稳定的表现，而非一次考试定成绩、定终身。(3)展现特长。学生展示自己较能干的一面，现在的特长可发展为日后的专长。(4)维持兴趣。尊重学生的学习特点，引导学生参与相关的学习活动，满足自身的学习需要。(5)提高能力。灵活运用所学，在活动中展现能力。

兴一利，长一弊。对于这种评估，人们十分关心评分客观性问题。考虑到这一问题，我们既不能不加分析地拒这种评估于千里之外，也不能忽视其可能衍生的新问题而不加思考地使用。对照经典测试之弊、现行教学与评估中存在的问题，活动性评估仍值得尝试。以下提出一些提高评估客观性的措施：(1)课程、考试部门或教学研究部门提供活动设计及评分指引、学生各等作品(或活动)的实例，通过培训活动等方式对老师提供专业支持。(2)尽可能保留学生的相关原作以及表现记录，以备不时之需。(3)建立公平、透明的制度。

(二) 会考引入校本评估

为了全面考核、促进学生努力学习，会考除了校外统考(相当于现行会考)外，可探索加入校本评估，而校本评估也可部分地采用活动性评估方式。

- 会考＝校外统考＋校本评估
- 校本评估＝常规学习评估＋活动性评估

表 4-7　校本评估方式

	评估形势	好处
常规学习评估	日常朗读、平时作业等	促进学生平时努力
活动性评估	阅读活动	促进学生多读、提高阅读能力
	综合活动	促进学生进行综合性听说读写活动，提高实际语文能力

注：“阅读活动”“综合活动”的具体内容参见表 4-6。

积累一定经验，特别是开展相关的行动研究后，学校根据指引自行设计新活动。这些活动建议由课程、考试部门审阅通过，以保证其难度、效度、信度等质量指标。

为使各校活动性评估的成绩基本等值，实践之初，我们可依据校外统考成绩对各校的活动性评估成绩进行统计调整。经过若干年实践后，则可采用试评、评分样本监测等方式而不再进行这种统计调整。

鉴于这种评估活动是一种新尝试，不必在华文各种课程齐头并进地实施。可先在某课程取得先行经验，然后再在其他课程内进行。

在建立适当的制度、为学校提供足够的专业支持，特别是取得一定的实践经验后，我们要更信任老师的专业判断。不要给过多的规限，把学校建成一个个“小考评局”。把老师演化为一个个“冷面考官”。否则，只能使这种评估举步维艰，这不符合推行校本评估初衷。

（三）平时测试（CA）要体现自身的特点

现行小学及中学中高年级的校内考试形式，平时评估（CA）与 SA 相近，SA 与会考基本相同。这样一来，开展平时评估只是多进行一次与会考相似的考试。在 SA、会考中考核不到的表现，在平时评估中也无法评到。

为了与以纸笔测试为主的 SA2 考试更有效地配合，全面评估学生的表现，使学生学得更有趣，平时评估(CA)可更多地进行活动性评估。

在开展校本阅读计划、课外阅读发展性评估研究的学校，如养正小学等，已尝试这种评估活动，值得我们进一步发展、总结。

(四) 既关注会考的高年级 SA2，也要有不同于会考的题型

现在的校内考试紧跟着会考跑，是不是会考考什么，我们的 SA 就要考什么？会考不直接考的，SA 就可不考或不宜考呢？假设学生想在会考中得高分，那么老师只可、只需要求学生做与会考一样的题目呢？以运动员训练为例，如训练目标是成为长跑世界冠军，那么该运动员平时是否也只需长跑。而不必游泳、短跑、打球？上述所有问题的答案，显然都是否定的。

由于校内考试多是形成性的、目标参照式的，而会考则为总结性的、多是常模参照式的，两者性质不同；学校考试只在某校进行，而会考则在全国实施，考试场景不一。为此，校内测试至少应有部分题目不同于会考，才能更好地发挥这种评估应有的作用。

为了让学生在会考中有好表现，即使关注会考的校内测试，除了有会考题型，还应设计一些相关的题型。例如，尽管 PSLE 中的写作只考完整的篇章，但平时评估仍可有造句、写段一类的试题。在没有段落训练、评估的前提下，过早直接要求学生写篇章，学生会感到作文十分困难、单调，产生恐惧感。

建议对学校提供支援的相关部门，设计一些多样的题型、评估活动，供学校参考选用，以免学校心有余而力不足，从而只能跟着会考常跑不误。

2006年公布的PSLE过渡性考试，减少了分立式试题，增加了篇章阅读理解题，也加入了一些与实际语言生活相联系的题目。日后的改革可从生动、灵活的方向发展，加入活动性评估就可作为一个重要的策略，促进学生学习，维护学生学习华文的兴趣。

二 “赞赏-建议”型的评估方式①

（一）现行评估中存在的问题

教学评估是运用教学测量、评价理论，通过对教学过程和教学结果做系统、科学的客观描述，对教学成效做出价值判断。其中对学生的学习成就的评估，是教学评估的重要组成部分。教学评估是完整的教学过程的有机组成部分，然而，人们对教学评估的认识仍有很多局限，在实践中也存在很多有待解决的问题。

1. 重学习结果，轻过程变化。

当前的华文评估重总结性评价，轻形成性评估。具体地看，评估较重视测定学生的学习结果，而对学生学习进展则缺少应有的关注——对学生学习过程中的进步、问题不做具体分析。学生的学年学业成绩报告（分数及评语）主要呈现年终考试的表现，对所有学生采用划一的标准加以衡量，较少体现学生的原有基础及整个学年的发展变化。这种重结果轻过程的评估，不能长期地鼓励学生努力学习，也不能经常地发挥评估的“反馈-矫正”功能。形成性评估与总结性评价都是必要的，但目前应加强形成性评估的研究与实践。这种评估可使教师及时地获得反馈

① 本部分节选自祝新华《发展“赞赏-建议”型的评估方式——以华文科写作评估为例》，《新加坡华文教学论文三集》，新加坡华文研究会，2003年。

信息,从而快速而全面地了解学生的学习状况,也使教师真正了解自己的教学成效。

2.重量化测量,轻定性评估。

现行的华文科评估,一般采用单一的纸笔测试。这是一种有悠久历史的测试方式,但对学生的某些认知或非认知特点(如解决实际语言问题的能力、华文学习兴趣及习惯、写作素材的积累等)的评估并不一定适用,而培养这些认知或非认知因素又是华文教学的重要目标。

3.重教师评定,轻学生参与。

无论是平时评估,还是小学离校考试,所有命题、评定等环节一般全由教师完成,学生基本无权参与。这样做,一方面要花费教师的大量时间,教学反馈所需时间较长(如作文评估)。另一方面,由于学生在评估中处于被动地位,抑制了他们的学习兴趣、自我改进意识,评估对教学的促进作用也受到限制,最后影响学生华文能力的提高。如在作文评估中,教师辛苦批改后,学生并不会从中学习如何改进,使评估成了低效或无效的活动。

4.重客观评定,轻对教学促进作用。

概括起来,评估主要有客观评定、促进教学两方面的功能,然而,这两种功能有时是不能自然地实现的,甚至是相冲突的。现行的评估主要是基于客观地评定学生的水平发展起来的,强调甄别与选拔作用,忽视对学生学习的改进与激励功能。教学实践以考试纲要而不是课程标准作为指引。形成性评定也过分追求区分度,要求分数呈正态分布。无论是评分,还是写评语,教师更重视描述学生的水平,不重视为激励学生更努力地学习而采取一些措施。

5.重找缺点批评,轻找优点赞赏。

传统的评估,无视学生的成果,着重揭示学生存在的问题、不足与错误,然后对学生提出严格的批评,并严格地要求学生加以改进。之所以这样做,有个基本假设是,通过批评让学生知道自己存在问题,学生就会努力改进。另一个假设是,如果给学生讲太多已取得的成就并给以赞扬,学生会产生自满情绪。

这一问题在作文评估中表现得尤为显著:作文评分教师不是持中庸之道(常给60—70分的中等分数,既不给高分也不给低分),就是苛刻给分(常给偏低分数)。一般情况下,学生只要有一点不令教师满意就得不到高分。数学考试经常有100分,而华文考试中写作得100分的则少之又少。

撰写评语时也存在一些问题,具体表现为:(1)一些教师重在发现学生的错误,把对学生提出相应的批评作为写评语的主要目标,出现"挑刺"倾向。(2)对于发现的问题或缺陷,有的教师往往会加以放大。(3)不讲方式、方法,直接批评学生,较少顾及学生的感受。(4)有些批评大而无当,学生不明所指。如"内容不够具体""句子不够通顺"等一类的负面而笼统的评语时有所见,学生读完这种评语,对于如何修改作文仍是茫然一片。(5)一些教师不经意间会用一些欠尊重甚至带有侮辱成分的评语。如"你的文章像兔子尾巴一样短""写得太差了,拿回去重写!"等,如此评语会刺伤学生的自尊,挫伤学习积极性。

这种"以问题为本",严加扣分、多作批评的"低分制""负面评语制",由于给学生带来频繁而强烈的"失败体验",从而不能很好地激发学生的"取得好成绩"的成就动机。有些学生认为,自己无论如何也写不好作文,得不了高分,因此,不如把时间花在数学等其他学科上对提高学习成绩更有成效。这种做法也与“重客观评定,轻对教学促进作用”有关。

6.重套式评语,轻具体建议。

一些教师惯用某些固定的评语去衡量所有学生的表现,如在作文评估中常用“语句较通顺”“内容较丰富”等“老套”(公式化、模式化)、“空泛”的评语。对小学生的作文来讲,这些评语放之四海皆准。但是学生并不能真正领会其义,更不知如何具体地修改自己的作文,使学生的一些问题长期得不到解决。这种评语令学生感到乏味、沉闷,不能体会写作的快乐,以及产生修改作文的动机。有的评估只给学生一个分数,评语只写一个“好”字,学生也不知如何改进。

7.重常规表现,轻创新意识。

为了更容易地客观评定,评估内容多为零碎的知识。对于一些综合题的评定,也忽视学生的创意表现。如一些四平八稳的文章,总能得60—70分。相反,越有创意的文章,越有得低分的危险。这使学生谨小慎微地把作文囿于某种模式,使平时或考场作文总是千人一面,“千胞胎”“万胞胎”层出不穷。出现这种情况,并不能全怪学生,相反,考试组织者、任课教师首先要进行深刻的反思。

以上的评估问题,概括起来表现在:忽视对学生的学习进步、创意发展的促进功能,忽视学生在评估中的积极角色,等等。为了克服这些问题,我们倡导推行“赞赏-建议”型的评估方式。

(二)“赞赏-建议”型评估的内涵

“赞赏-建议”型评估重在提示学生的学习进程,关注学习进步与创新,呈现学生已取得的成果,使学生体验成功,形成进一步努力的学习动机，并更有信心地面对未来的挑战；提出具体、可行的建议，使学生明确改进方向，并体会教师对自己的发展期望，从而采取积极的行动。

突显已有成就，使学生体验成功的喜悦。无论是给定分数还是撰写评语，都要重在评估学生已取得的成绩，特别是近期所取得的进步，使学生体验成功，从而巩固、加强学习动机，愉快地学习。

鼓励创新精神，使学生体会创意的重要。对于表达个人特有的感受，提出独特的观点、解决问题的方法，给予特别的鼓励。

提出具体建议，使学生知道怎么改进的方法。针对学生学习中存在的具体问题，给学生提出具体的、学生乐于接受且可以实现的建议、要求，使学生明确当前或今后的努力方向，以及教师对自己的发展期望，实现评估的导向、发展功能。教师有时也需简要地点出学生的不足，但一般直接跟上如何改进这种不足的建议，使学生体会到教师并不是在故意找岔子，而是在真诚地帮助自己解决问题。

【评语示例 1】

这是一篇好习作，选材新颖，感情真实，特别是把那时髦女子的蛮不讲理的行为表现得惟妙惟肖，可以看出你是一个爱观察、爱积累的好学生。如果能够在写完习作后多读几遍，把明显存在的错别字、病句修改好，相信你的文章会更加出色。

加点的评语指出学生的成功之处，其中提出了“选材”方面的创意；画单线的评语是对学生的正面评估；画双线的评语是对学生日后写作提出的具体建议。

【评语示例2】

文章篇幅不长，情节也不复杂，但是选择的材料却能紧紧扣住“难忘”两个字。且事件过程写得很有条理，把“人”比喻成“小青蛙”这个修辞也用得恰到好处。只是结尾太匆忙，假如把自己被救上岸后身体上的感受、周围人的反应、自己心里的体会都真切地描写出来，文章就可以更让人信服，更能给人以警示。加油！等着你的成功。

加点的评语指出学生的成功之处；画细单线的评语提出学生作文中存在的问题；画粗单线的评语是对如何修改作文提出具体意见；画双线的评语则特别表现教师对学生的期望。

“赞赏－建议”型评估是一种从成功引向成功的“过程引导”评估方式。教师在评估中，使学生体验成功、体会教师对自己的期望，学生知道自己应如何改进并乐于不断改进。相对于这种评估，传统的评估是一种“寻错－批评”型评估，表4－8显示了这两种评估的不同之处。

表4－8　两种不同评估方式的比较①

	“寻错－批评”型评估	“赞赏－建议”型评估
特点	寻找错误/缺点，负面评价，严厉批评（批评性评语）	欣赏进步/优点，正面评价，提出建议（建议性评语）
评分	严加扣分：对问答题、造句、写作、一般不给高分，更不打满分	谨慎扣分：欠完美但不错的，不扣分，注意给适当的高分，甚至满分（包括作文评分）

① 祝新华《语文测试的评分》，南洋理工大学国立教育学院教育文凭课程（中学）资料，2002年。

（续表）

	“寻错－批评”型评估	“赞赏－建议”型评估
功能	重在准确评定：对学生统一要求，客观区分不同表现，找出问题，从批评中应用到学生学习	重在促进教学：注意学生的个别差异，从已有的成功出发激发学生进一步努力学习
影响	可能会打击学生的信心，压抑动机，学生在担心失败及避免再次失败中学习（痛苦）	有利于保护学生的信心，激发动机，在体验成功及追求更大的成功中学习（愉快）

（三）“赞赏－建议”型评估的理论基础

“赞赏－建议”型评估有现代教育及心理学的理论基础，它们主要表现在以下一些方面：

1.学习动机理论。

学生学习有多种动机，而获得成功、取得好成绩是一种最现实的动机。有了这种动机，学生会努力学习。相反，如果学生认为，自己再努力也得不到好成绩，则可能会放弃努力。这就要求我们，在评估中，不要让学生接二连三地遭受失败的打击，这会挫伤学生的学习动机。

2.学习期望理论。

在心理学中罗森塔尔期望效应已得到证实，即教师对学生抱有积极的期望，做出肯定的评价，能增加学生自我实现的信心和动力，使其做出积极的反应，而这又会使教师更加相信自己的期望，给予学生更多指导、鼓励和帮助。因此，教师评估学生的学业成就时，对每一个学生都要抱有积极的期望，并且使学生感受到教师的这种期望。为此，要克服传统评估不顾学生的进步，只寻找学生不足之处，并对之做出“不留情面”的批评的做法。

3.需要层次理论。

心理学家马斯洛指出人的需要是依次发展的，所有人都有得到别人尊重的需要，更希望得到别人的高度评价。人的需要满足与否，对人的自信心会产生很大的影响。满足者觉得自己有能力、有用处，没满足者则会产生自卑感，变得消极、被动。这启发我们，学生的学习无论如何“一无是处”，从促进学生的角度看，我们仍需尊重学生，对其已取得的成就、特别进步之处，教师有必要给予鼓励，而决不能视而不见。

4.创造教育理论。

任何人都有创造的潜能，人人、时时、处处都可创造。对小学生来讲，只要学生本人及其同龄人没有经验过、有社会价值的想法、成果（包括作文）都可以视作一种创造。[①] 同时，创造又十分容易受到伤害。教师一些不经意的批评，学生从而怕犯错误，都可能是学生创意成长的天敌。

5.成功教育理论。

学生学习困难形成的原因，主要是他们在学习过程中的反复失败形成了“失败者”的心态。[②] 因此，教师要积极为学生创造成功的条件，引导学生积极尝试，形成自身的学习内部动力，追求成功，体验成功。

6.学习差异理论。

任何学生的认知、学习方式都有差异。如有的学生富有想象力，而有的学生则十分严谨，有的学生长于形象思维，而有的

---

① 祝新华《小学中高年级学生创造性思维检测及其培养初探》，《杭州大学学报》（哲社版）1986年第4期。

② 刘京海《成功教育的基本模式》，《上海教育》1997年第1期。

学生则长于抽象思维……多元智能理论告诉我们，学生表现有多种智能，每个学生的智能优势又不尽相同，如有的人语言智能强，而有的人空间智能棒。因此，一些学生在某些方面的表现较差，完全自然，我们不能用划一的标准对所有学生提出要求。

7. 过程评估理论。

评估学生的学习成就，要使用评估更好地促进教学，要重视对学生学习进程的评定，为此人们十分重视发展档案评估法。① 在小学教学实践中，人们已开始探讨写作档案评估的实验，以收教学与评估一体化、评估长期促进学生学习之效果。②

(四)"赞赏－建议"型评估实施策略

在教学实践中，实施"赞赏－建议"型的评估，结果呈现形式以分数加评语的形式为佳。适当的高分及正面的评语使学生体验成功，而评语中的具体建议则使学生知道问题所在及教师对自己的希望与要求。另外，要引导学生主动了解自己的进步，欣赏自己的进步，同学之间也可开展互相评赏活动。

1. 给定分数。

分数要反映学生的实际学习水平，同时又要注意促进学生更好地学习。为此，应注意以下几个方面的问题：

---

① Elbow, P., Writing Assessment: Do It Better, Do It Less. In E. M. White, W. D. Lutz & S. Kamusikiri, *Assessment of Writing: Politics, Policies, Practices*, New York: MLA, 1996; Farr, R. & Tone B., *Why Portfolios and Performance Assessment? Portfolio and Performance Assessment*. Harcourt Fortworth: Brace College Publishes, 1988; Sanchez R. & Duke, C. R., Making Portfolio Assessment Work in the Classroom, In Charles R. Duke & Rebecca Sanchez, *Assessing Writing Across the Curriculum*. Burham: Carolina Academic Press, 2001; Thomas R. Hoerr,《多元智慧融入教学与领导》，陈佩正译，远流出版事业股份有限公司，2001年。

② 祝新华《语文测试的评分》；祝新华等《写作档案评价》，载《小学生写作能力评价研究与实验》，研究工作会议资料，2002年。

(1)适当高分。从现代评估存在的问题看,特别对写作综合能力的评估来讲,教师要注意"判笔下留分"。如学生的作文,只要达到本次作文提出的基本要求,而且又没有其他明显的差错,即可给高分。如同数学学科,学生的作文也可得高分,甚至 100 分。要改变以往的只有完美的作文,才可给高分的看法,为此要注意克服以下的一些偏失:①苛刻偏失。只要没有明显的错误,就不强行扣分。克服"稍不满意即扣大分"的做法。教师更不能因自己没有把握评判学生的表现是否完全合理,同时为了使自己的评估更为"安全",不管学生表现如何,总要对学生扣些分数的做法。②趋中偏失。对于学生的好表现、好作文不惜给高分。③光环偏失。不要因为学生某方面表现差,而对整个学科或整篇作文给偏低分数。④喜好偏失。对自己不喜爱的某种风格的作文,仍应客观给分。⑤情绪偏失。当自己的情绪烦躁不安时,注意客观给分。⑥区分偏失。在形成性评估中,如全班、全校学生的表现都很好,那么所有学生都应得高分,避免因追求区分度、分数呈正态分布而人为地扣除一些学生的分数。[①]

(2)厚待创意。评分标准既要严谨,又不能框得过死,把学生局限在书本中……解答有新颖、独到之处,在给基准分的同时可再给"创造分",以示鼓励。[②] 新加坡现行的《小学华文课程标准》《中学华文课程标准》也指出,评分应该有助于发展学生的创意思维,既要严谨,又不能太死板,把考试局限于书本知识。如果学生能灵活运用所学的知识和技能,答案富有创意,教师应该在分数上给予奖励。为此,如出现的以下情况,我们可给 5—10

① 祝新华《语文能力发展心理学》,杭州大学出版社,1993 年。

② 李志强、祝新华《语文测验原理与实施法》,上海教育出版社,1991 年。

分创意附加分：表达自己独特和感受；题材新颖，所表达的主题、提出的观点与众不同，同时又有社会价值。①

(3)体现进步。一些学生以前表现很差，但后来赶了上来，教师要及时发现这种进步，在给分时也要有所体现。如可给适当的进步附加分(如5分)。研究发现，给学生写进展报告，对学生的成长能取得较好的成果(Thomas R. Hoerr, 2001)。

(4)灵活处理。对于差生，我们应特别重视通过正面评语来推动其努力学习。对于这些学生，形成性评估的"促进教学"的作用较之于"客观评定"更为重要。教师一定要形成评估为教学服务、为学生的发展服务的意识。

表4-9 对差生给分的特殊处理②

只给评语，暂不打分	暂时不打分数，避免过分强烈的刺激，待学生改进后，如对作文做出修改，再给定分数。
只给标记，暂不打分	在错处不打×，只划\(它可是×第一笔，也可以是√的第一笔)，表现教师对学生的改进充满信心，同时也再给一次学习的机会。
不轻易打49分(50满分)	除非有特殊考虑，绝不打49分(满50分)。否则，会给学生带来严重的打击(苏霍姆林斯基)，甚至出现师生心理冲突。当然对一些特殊的个案，如对于性格外向、骄傲自满、屡教不改的学生，则可给49分以收当头棒喝之效。

2. 撰写评语。

无论是总结性评估，还是形成性评估(包括平时作文)，一般都要给学生写评语。就教师而言，学生是否达到习作要求，今后教学方向怎样，往往要通过评语传达给学生。就学生而言，自己

① 祝新华《语文测试的评分》。

② 王庆芳《认真对待计分》，《课程·教材·教法》1987年第12期；祝新华《语文测试的评分》。

有哪些优点，哪些不足，长处如何发扬，短处如何克服，常常要从教师给定的评语中得到启发。可见，评语是联结教师的“教”和学生的“学”以求得更好的教学成效的纽带。使学生乐于接受评语，并从评语中得到启发，是教师写评语的基本原则。

(1)成功导向。评语要重视从成功出发，使学生知道自己付出的劳动取得了成果。不要把批评作为评估的主旋律，如经常把“努力”与“错误、不足、问题”相联，对一些学生进一步努力学习会带来不利的影响。当然，我们并不是不要让学生知道自己的不足，而是要注意方式方法，而且指出不足的目的主要是为了让学生知道如何改进。①强化成功体验。评语主体之一是，向学生明确显示已取得的成就以及进步所在，用成功激励动机，以成功求得更大的成功。②宽容对待不足。学生在学习过程中不可能不出错，其实学生是在不断出错及不断改进中进步的。当发现学生的不足时，教师要给予体谅并适时引导。③提出改进建议。对于学生的不足，可以适当指出，但这不是目的。评语的目标是使学生知道自己应该如何改进，因此提出“建议”是评语的第二个主体部分。

(2)发掘优点。教师要设法找学生的闪光点，并给予充分的鼓励，使学生树立学习信心。这是“赞赏－建议”型评估的关键之一。以一篇作文为例，优点可出现在选材、组材、开头、结尾、语言、结构、内容等各个方面，与学生自己过去的作文比较(学生内部参照评估)，任何一篇作文一般都会有优点。教师不能如从前那样把重点放在找学生作文中的“小黑点”上，并以此作为基础去评估学生的作文。

(3)体现差异。让每个学生从评估中获得激励，获得自信和前进的动力，这是现代评估的基本理念之一。因此，“赞赏 - 建议”型评估一定要把握学生的个体差异，实施差异性评估，让每个学生从评估中受益。对学生评估要分层设标，同样的一个表现，对不同的学生应有不同的评语。对于基础不同的学生应该有灵活的“优点观”：对于优生，精彩的个性化的表达、巧妙的构思是其优点。对于中等生，一段生动的语言、一个丰富的想象可成为其优点。对于差生，则可以把感情真挚的一句话、用得恰到好处的一个词看成是优点。

(4)呵护创意。在资讯、创造时代，学生要通过多种途径搜索、掌握知识。在获取知识、运用知识的过程中，学生会有许多新发现或新想法，我们要鼓励学生用不同的方式，从不同的角度表达出来。对学生习作中闪现的创新蓓蕾，除了给“创意分”，写评语时也要给以特别的关注，要使学生在教师评语中真切地理解教师重视创意的要求。

(5)亲切沟通。写评语，实际是师生之间的感情沟通，意见交流，因此必须重视学生的感情反应，以下是在教学实验中提出的一些具体做法：①同感。以朋友的身份，用平等语言交流情感。如有位学生在《我的妈妈》一文中流露出父母离异带来的极度伤感，而作文则又文从字顺，情感真切。教师的评语这样写的：“我很理解你情感上的痛苦。值得欣慰的是，你是个坚强的孩子，是个懂事的孩子，因为你写出了这样一篇令人感动的佳作。我为有你这样的学生而高兴。只要把握住今天，你的未来一定是美好而幸福的。”②商讨。用征询意见式的语句对学生提出要求，期待学生采取回应的行动。如：“字是人的脸，这次习作上的字比以前有明显进步，你的脸上也光彩多了。不过，你一向讨厌的错别字老跟着你,给你的习作蒙上了一层阴影。我为你开一剂良方:不会写的字问字典,写完习作后问老师或同学。你愿意试一试吗?”③赞扬。用充满激情和期望语句赞扬学生,提高信心,激励上进。如:“你的想象力是那么奇特、大胆、丰富,让老师大吃一惊。你的童话故事,加以神奇的想象,可谓‘独具匠心’。绘声绘色的描述,让人觉得新鲜、有趣。《帽子与喇叭》中这只可爱的小狐狸,你赋予它人的喜怒哀乐,简直太神了,老师也为你叫好。”④诙谐。学生出现某问题,教师不直接地、严肃地、冷冷冰冰地给予批评,而是采用轻松、幽默的语句点出不足。如一篇习作有20多个错别字,有位教师这样写评语:“你真是个小书迷,注重积累好词佳句。因此,班级的生物角在你的笔下生动、形象地展现在读者眼前。只是错别字太‘猖狂’,已经泛滥成灾啦!”学生看到评语后,扑哧一笑,深刻地认识到自己的问题。

(6)指明方向。“赞赏－建议”型评估既重评估的激励、诊断功能,更把发现、解决学生作文中的问题作为评估的重要组成部分,为学生具体提出努力的方向,使学生真正受益。以下是两种不同评估方式所写的评语,可进一步显示“赞赏－建议”的特点。

表4－10　两种不同评估的作文评估举例①

项目	“寻错－批评”型评估	“赞赏－建议”型评估
把内容写具体	写得欠具体。	××景点很有意思,大家都想知道更多些,你可多介绍一些吗?
把文句改通顺	语句不通!	如果把语句写得更通顺,大家读起来会更有趣,尝试改改,祝你成功!

① 祝新华《从学生作文心理角度开展作文教学改革》,《课程·教材·教法》2001年第3期。

3.多维赞赏,多元参与。

现代教学评估重视将教师的评估、学生的自我评估、学生相互评估以及家长评估相结合,因此,在撰写评语时,我们可设计学生评语栏,引导他们对自己或同学的作文撰写“赞赏－建议”型的评语,并不定期地让家长参与撰写评语的活动。

先由学生自我评估,然后交给同组同学评赏,最后教师在此基础上做总评(如每月一次)。对于“学生自我评赏”及“学生互相评赏”“语文老师评赏”,教师要给出评赏内容要点表,以便操作。教师可与学生商定这种评赏表,并在事前将评估准则列出,让学生知道老师对他们的要求,从欣赏的角度对自己及同学的作品写评语。

(1)学生平时自我评赏。引导学生对自身的作品写评语(自我评估:优点、弱点、改进方法)、评分,以及写感想、体会,读书对写作的启发等。可写在每篇文章后面,也可独立制作表格撰写。很多学生有不好意思看自己习作的心理,建议学生用钢笔写作,写完后大声朗读一遍,用铅笔修改。

(2)学生平时互相评赏。与同学交换阅读,为同学提出修改意见,组织或参加报告会等。在交给老师或同学阅读时,可取下去自己认为最不满意的作文。同学给予作品的评语,可交给同学、朋友阅读,提供意见。“学生平时互相评赏”,可由学生自找对子(一般以水平相当为佳)进行。

第三节 教师评估①

在中国传统的社会里，老师的地位是很崇高的。从古代一直到清末民初，当老师的，在社会上都受到一般人的尊敬。给老师做"评估"，在当时来说是一件不可想象的事。但随着社会结构的改革，学校新制度的建立，老师的地位也随着改变了。

在过去的私塾或书院里，教师本身既是校长也是老师。学生入学，还得行三拜九叩的大礼。可是，现在却不同了。在高度经济化的社会里，学生是学校的"产品"。一切讲求效率。教学要讲求教学效率，学习要讲求学习效果。校长与教师，成为了上司与下属的关系，再加上"视学"的制度，所以受人尊敬而被视为"人类灵魂工程师"的老师，他的工作表现也得被放在天平上来称。于是，老师也要被评估了。

评估一位老师是一件很不简单的工作。所以，彼得生认为教师的评估是一件最复杂的作业，而且也是教育行政最重要的一项任务。② 因为评估得不恰当、不公平，就会直接影响教师的教学效果，其严重性和后果是可以想象得到的。当然，他指的是一般的老师，对语文老师的评估，问题就更加复杂了。因为语文本身就是一种很复杂的人与人之间的互相交流工具。这样的一

---

① 本部分节选自梁荣基《语文教师的评估——可测量和不可测量因素》，《语文教学与测试》，新加坡综合出版私人有限公司，1999年。

② Donovan Peterson & Annie Ward. *Due Process in Teacher Evaluation*. University Press of America, 1980.

个复杂结合体(语文老师),我们怎样去评估他呢?

要评估,首先必须定出优劣、好坏。怎样的老师才算是“好”的语文老师呢?光是要确定“好”的语文老师,这样的含义,已经不简单了。即使把这含义确定下来,我们用什么测量工具来衡量他呢?要回答这些问题,我们必须知道:成为一位好的语文老师,有许多因素。有些因素可以测量,有些因素不可以测量。

有人认为,作为一位好的语文老师,他本身的语文修养是决定性的因素;也有人认为成为一位好的语文老师的先决条件就是他的教学态度;又有人认为做一位好的语文老师,最重要的因素是,在他的教学活动中,他能引起学生学习语文的兴趣。

现在,让我们把这许多因素综合起来,逐一分析、探讨一下。第一,我们需要知道,成为一位好的语文老师的许多因素中,哪些是最重要的,哪些是次要的,希望能够归纳出一个等级的次序来。这就是对语文老师的评估范围与准则。第二,我们也需要知道,构成一位好的语文老师的许多因素里面,有些是可以测量的,有些是不可以测量的。这涉及评估语文老师的方法与工具。第三,我们还需要知道,在重要和不重要的因素中,在可以测量和不可以测量的因素里,哪些因素是独立的,哪些因素是互为关系的。这是对评估的处理问题。视导人员在评估时,采取分点的评估方式或综合的评估方式,都因人而异。

一 评估范围

当一位视导人员,踏进一间课室,对一位语文老师进行评估时,第一个需要考虑的问题是评估的范围。他可以凭一份评估表,逐项评鉴。一般的评估表,都可以给它归纳为下列几个大的范围：教师本身、课室教学活动、学生学习活动。

（一）教师本身

先谈教师本身。评估教师本身所包括的项目有：教师本身的语文程度（包括学历）；语文教师的教学态度；语文教师对所教语文的热爱；语文教师的口语表达能力；语文教师的书面语表达能力；语文教师有丰富的语文（语法）知识；语文教师对所教语文的敏感度（语感）。上面所举各点，有些需要说明。如第一项，也许可以概括口语和书面语的表达能力，但是，实际上并不尽然。有许多语文老师，他的学历很高，语文修养很好，然而，口语的表达能力却很差。也许书面语的表达能力跟语文修养比较接近。但两者之间，有些地方还是可以划分的。有些人对语文的运用能深入浅出；有些人则喜欢咬文嚼字。另外，语文老师有丰富的语文（语法等）知识，跟教师的语文修养也有密切的关系。不过这两项须要分开来评估，语文修养好的老师，不一定有丰富的语文（语法等）知识，更不一定能把语法现象讲解得清楚。

至于语文教师的教学态度和对所教语文的热爱，两者之间的关系也有待说明。教学态度是指总的专业精神，即教师对教学的投入和表现。而语文教师对所教语文的热爱是一种内在的感受，这种热爱对语文教学会起很大的潜在作用，不过，在评估的过程中，这个不容易测量的因素，往往被视导人员所忽略。

对语文的敏感度，是另一个值得注意的问题。语文敏感度高的人，别人说话，他马上听出某句话是否有语病；看一篇文章，他也比别人更快察觉出病句在哪里。他自己讲话、写文章也绝少犯习惯上的语病。作为一位语文老师，在课堂语文教学的活动中，从学生的说话，从学生的作业，他天天都遇到无数有问题、有语病的句子。只有对语文敏感度高的语文老师,才能给学生即时纠正他们所犯的语文错误。在我个人视导语文教学的经验中经常发现,学生念错读音、说话句子语法有毛病、在黑板上写错字,而语文老师都没察觉出来。这一点可能是语文老师缺乏某一方面的语文知识,但从很多例子看来,实情并不完全这样。有半数以上的例子是老师本身知道的,而没有即时察觉出来,这就是他们缺乏对语文的敏感度,或者说对语文的敏感度不高,所以没有把学生所犯的语文错误即时纠正过来。

(二)课室教学活动

从许多评估表我们可以看得出来,一般视导人员对语文老师(对其他学科的老师,也是一样)的评估,都把重点放在课室教学活动上。近代学者,对于这一方面的研究,如麦理(Donald Medley)等(1983)以及路易斯(James Lewis,Jr)(1973)等人都以教师的课室教学活动作为评估老师的依据。① 这原是无可非议的,因为课室教学活动是一位老师工作的具体表现。

课室教学活动,大致上可以归纳为下面几个重点:语文教学目标、课前准备、教学过程、课后作业批改点。

语文教学目标。(1)清楚的语文教学目标——应该使学生掌握些什么语文知识或技巧。(2)恰当的语文教学目标——该目标是否能配合学生的语文程度。(3)可完成的教学目标——所列目标能在预定教学时间内完成。

---

① Donald Medley. Robert Soar & Homer Coker, The Minimum Conditions for Valid Evaluation of the Teacher Performance. *Journal of Classroom Interaction*, Vol 19, No. 1, 1983; James Lewis, Jr, *Appraising Teacher Performance*. Parker Pub. Co., 1973.

课前准备。(1)有效的语文教学设计——把课文内容所需的资料准备好。(2)教材组织——选择何种教学法处理有关教材,以促进语文学习效果。(3)准备教具——选择或制作恰当的教具。

教学过程。(1)课始——能激发起学生强烈的语文学习动机。(2)步骤——教学步骤有条理,在一课课文里,合乎语文学习的先后逻辑。(3)讲解清楚——对课文内容、词义、语法等语文项目,解释得透彻清楚。(4)讨论技巧——通过讨论,加强学生口语表达能力。(5)发问技巧——通过讨论,加强学生对语文的认识与掌握。(6)作业分配——给学生适量的语文作业,不会过多,也不会过少。(7)运用教具——语文学习,不一定要用到教具,但语文教师能针对某项语文项目,利用恰当的教具,一定可以加强语文的学习效果。(8)评鉴与测验——教师能设计恰当的语文测验,诊断出学生的语文缺点,加以补救。(9)总结课文——针对语文教学来说,总结课文是要肯定学生在上完了一课以后,是否能掌握到一些应掌握的语文知识或技巧。

课后作业批改。(1)即时批改作业——能即时把作业批改完毕,发还给学生。(2)认真批改作业——一位语文老师最繁重的工作就是批改学生作业。

第三个评估范围是师生关系和学生的学习活动及效果。这可以包括下列几个项目:(1)语文老师的沟通能力——老师有效地传达,学生热烈地反应。(2)学生积极参与教学活动。(3)老师能照顾学生个别语文能力的差异,使教学进度配合学生的学习能力。也许有人认为,以学生的学习活动和学习成果来评估语文老师,是一种反推论的评估方式,是以果及因,不是以因及果。

(三)学生学习活动

有些学者认为从学生的学业成绩来衡量一位老师的好坏是最合逻辑的。不过,这个论点已被否定。① 虽然这是一个热门问题,但是美国全国教师协会却极力反对"以学生的成绩来评估老师的效能"②,最主要的原因是学生本身是一个变数,另外是到目前为止,没有足够的标准测验来测定学生的成绩来做比较。

当然,在一个高度工业化或商业化的社会里,一般人都会认为,能够使学生的成绩考得好,就是一位好老师。

以学生的成绩来衡量一位老师,不但是不妥善的,而且有欠公平。尤其对语文老师来说,更是如此。以其他学科来说,学生成绩的好坏,老师的教学有决定性的影响力。但是语文科就不能那么说了。语文的学习,影响的因素多而复杂。课外阅读、电视观赏、家庭语文背景等,对提高学生语文程度,可能比课室里的语文老师起更大的作用。

此外,还有两个对语文的学习起极大作用的因素。一是内在的心理因素,那就是对该种语文的兴趣;一是外在的社会语言因素,那就是说该种语文在社会上的应用价值,学生是否感到需要学习该种语文。语文教师可以培养学生学习语文的兴趣,不过主要还是在学生本身。对第二个因素,语文老师是无能为力的。因此,以学生的语文成绩来评估一位语文老师,是不准确而且是不公平的。

---

① Robert S. Soar. Donald M. Medley & Homer Coker, Teacher Evaluation: A Critique of Currently Used Methods. *Phi Delta Kappan*. Vol 65. December 1983.

② Jason Millman. Student Achievement as a Measure of Teacher Competence. In J. Millman(Ed.) *Handbook of Teacher Evaluation*. Beverly Hills: Sage, pp. 146 - 166, 1981.

二 评估重点

评估要有范围,也要有重点,那就是说,构成一位好的语文老师的许多因素中,哪些因素是最重要的,是我们要讨论的问题。

对教师的评估,以近年来的研究,可以分为三个重点来谈。有些人偏重于教师的素质,有些人偏重于教学的素质,又有些人偏重于学生的学习效果。①

我曾经设计一份问卷,进行对语文老师评估的调查。这份问卷包括了25个项目。我把这份问卷发给1981年及1982年两届毕业的华文老师,以及中小学校长,请他们选出10项他们认为最重要的因素。

我们先看语文老师的意见,因为他们是直接从事语文教学的工作者。把他们对问卷每个项目的答案频率累加起来,两相比较,得出来的结果是,他们两组的意见非常接近。两组的相关系数高达0.97。也就是说,他们两组的意见几乎是一致的。中、小学校长的意见,两组比较,就显得有点差距。不过,他们之间的相关系数,还是相当接近的(r= 0.77)。

从整理出来的频率序列,我们发现,语文老师把第1项"教师本身的语文程度(包括学历)"列为第一重要。从语文老师本身的出发点看来,这也许是可以理解的。列为第二重要的是第12项"能引起学生学习语文的兴趣"。排列第三的是第6项"语文教师的教学态度"。

---

① Linda Darling-Hammond, Arthur E. Wise & Sara R. Peace, Teacher Evaluation in the Organisational Context: A Review of Literature. In *Review of Educational Research*, 53(3):285 - 328, September, 1983.

对老师所列出来的10项最重要的因素加以整理分析，得出来的结果是：有5项评估项目是有关语文老师本身的因素；有4项是与教学活动有关的；有1项是与师生关系的范围有关的。

我们现在看看中、小学校长的综合意见。他们列出来前面3项最重要的评估项目是："能引起学生学习语文的兴趣""能编制好的语文测验，诊断出学生的语文缺点，加以补救""语文老师对所教语文的热爱"。

把校长和语文老师的意见互相比较，我们发现一个被共同认为重要的项目是"能引起学生学习语文的兴趣"。

在10项重要的项目里，有2项是语文老师认为重要，而没有包括在校长的意见里的："语文老师有丰富的语文知识""认真批改作业"。有2项被校长列为前10项最重要的项目，而不被老师列为同等重要的是："语文教师对所教语文的热爱""语文教师的书面语表达能力"。

除了上面所举每组有2个项目不是互见以外，其他8个项目，尽管序列不同，但是互见的。那就是说，校长的意见和教师的意见共同点多，互异点少。这8个项目是："教师本身的语文修养（包括学历）""能引起学生学习语文的兴趣""语文教师的教学态度""语文教师的口语表达能力""上课时，尽量制造机会，让学生参与教学活动""语文教师要不断地自修""能编制好的测验，诊断出学生的语文缺点，加以补救""上语文课时，有明确的教学目标"。在8个项目里，有2项是被列为同等重要的，那就是序列6"语文教师要不断地自修"和序列8"上语文课时要有明确的教学目标"。自修是为了改进教师的语文教学方法和技巧，提高教师的语文水准，进而加强语文教学的效果。

我们现在把附表所列出来的项目提出来检讨一下。有些因素是独立的,有些因素是互为影响的,又有一些因素是概括影响其他因素,对其他因素会起极大影响的。

就以教师本身这个范围来说。“教师本身的语文修养”(第1项)本来是一位好的语文老师的潜在力。使这潜在力发挥出来,在课室教学起作用的是“语文教师的教学态度”(第6项)以及“语文老师对所教语文的热爱”(第4项)。一位语文老师,有了正确、积极的教学态度,他就可以克服后天的教学缺点,发挥他先天的语文能力(如口语的表达能力等)。我们可以说,“语文教师的教学态度”这项因素,在教师本身来说是最重要的。

从问卷答案,教师所列出来的10项最重要的因素中,有4项是属于课室教学活动的,那就是:“上课时,尽量制造机会,让学生参与教学活动”(第24项);“能编制好的语文测验,诊断出学生的语文缺点,加以补救”(第16项);“上课时,有明确的教学目标”(第10项);“认真批改作业”(第21项)。校长意见所列出来的10项最重要的因素中,有3项是有关课室教学的,即第24项、第16项及第10项。在这4个因素中,除了教学目标以外,其他3项,是独立的,对其他的因素不会产生什么影响。唯独教学目标这一因素,在课室教学活动中,对其他的教学活动因素起最大的作用。换句话说,“上课时,有明确的教学目标”,在课室教学的评估中,占有比其他因素更重要的地位。

假如我们对语文老师的评估,采用综合评估方式,而不是分项评估方式,我们在进行课室教学评估时,就应该把重点放在语文教学的目标上面。

所谓分项评估,是在评估表上,列出若干项目,然后每个项目给一个分数。一般这些分数的比例是相等的。综合评估是从一个总印象来评分。事实上，在大多数的情况下，视导人员在进行课室教学的评估时，用的可能是分项评估工具。而他在评估时，总不免受到总印象的影响。因此，他填入评估表上的各项分数，已受到先入为主的影响。

从近来各方面研究所得的结果，显示出分项评估与综合评估两者之间的相关系数相当高。所以 Doris W. Ryan 等人(1980)就认为既然综合评估也能得出同样的结果，又何必用分项的方式来评估呢？①

教学是一门艺术。语文教学比其他学科的教学更具有艺术性。Gage(1978)认为教师的评估，应该是全面性的质，而不是分点的量。②

当然，分项评估的方式是有它的优点的。教师可以通过这种评估方式，知道他自己的优缺点。从改善教学的观点来看，分项评估，是有它可取之处的。

从另一个角度来看，假如评估的目的是为了得到一个可做比较的衡量标准的话，每项比重相等的分项评估，就会显得轻重不分。把重要的因素和比较不重要的因素放在一起来衡量，是否恰当，这问题是值得我们进一步探讨的。

---

① Doris, W. Ryan & Edward, S. Hickcox, Where We Are and Where We Might Go, In Doris, W. Ryan, *Redefining Teacher Evaluation: An Analysis of Proctices, Policies, and Teacher Attitudes*, Ontario Inst for Studiesin, 1980.

② N.L. Gage, *The Scientific Basis of the Art of Teaching*. Teachers College Press, 1978.

三 评估标准——可测量和不可测量的因素

评估有两个不同的目的:形成性评估是为了改善教学,累积性评估是为了得出一个可供比较的标准,作为聘任、升等的决定。

评估得到一个标准,我们须要有一份可信度、效度高的评估表和有专长、有经验的视导人员来执行评估的工作。评估表可以为我们提供评估的范围,而视导人员可以决定重点。这两点在前面已经谈过了。在进行评估的时候,我们面对的比较困难的问题是怎样划分出可测量和不可测量的因素。

可以测量的因素是比较容易处理的。一般,可测量的因素是明显的,可以用测量数据来表明。例如教案的编写、作业的批改等属于这一类。

不可测量的因素是不能用测量数字来表明的。这些因素也可以进一步分为两类:一是在课室教学活动中,可以观察得出来的。例如词语解释得清楚,教学步骤合乎逻辑等属于这一类。另一类是潜在的,需要时间来证明的。例如语文老师对所教语文的热爱、对语文的敏感度等。

可以测量的因素,不但比较容易处理,而且也比较容易取得客观的标准,我们暂时把它搁下来不谈。现在,让我们谈谈那些不可测量的因素。这些因素往往对语文教学起更大的作用。

(一) 教学态度

教学态度是成为一位好的语文老师的中心因素。环绕着它的其他因素或多或少都受它的影响。可惜的是,这因素不容易测量。我们固然可以利用心理测量的方式,窥测出一位老师的教学态度;其他如平日的教学表现,未尝不是教学态度的反映。

但是得出来的结果和该老师真正的教学态度是有差距的。同时，导师或视导人员从一两次的课室观察记录下来的判断，可能只代表该老师在某种情况下教学态度的表现，从老师及校长问卷的答案中，得出来的累加频率显示，他们绝大多数都认为这是一项不可测量的因素。所以评估一位语文老师的教学态度，是一件很伤脑筋的事。

（二）对语文的热爱

语文老师对所教语文的热爱，是内心的潜在因素。导师或视导人员从课室的教学活动是不容易察看得出来的。许多专家都认为对语文热爱这种态度是很难测量的。① 但我们可以肯定语文老师对语文热爱的程度是和语文教学的效果成正比例的。可是到目前为止，没有可靠的测量工具，把语文老师这份内在的感受准确地测量出来。

（三）对语文的敏感度

另外一项不可测量的因素是语文老师对语文的敏感度。这一个项目在几乎所有的评估表上都没有列进去。在语文教学时，老师是否能即刻纠正学生在读音、遣词造句上所犯的错误，主要是这个因素。

（四）能引起学生学习语文的兴趣

在校长问卷的答案中序列第一、在教师问卷答案中序列第二的项目“能引起学生学习语文的兴趣”，校长和老师都承认是成为一位好的语文老师的一个非常重要的因素。这也是一项语

---

① Measuring the Latitude of Linguistic Attitudes. Research conducted by Jack L. Whitehead, Frederick Williams, *Exploration of the Linguistic Attitudes of Teachers*. Newbury House Publishers, 1976.

文学习的心理问题。学习语文的兴趣，需要长时间培养，教师能不能引起学生学习语文的兴趣，不是一两堂语文教学的观察可以了解清楚的。学生在上语文课时，表现得很积极、很有兴趣，是课室内的情况，不一定能代表学生对语文学习的真正兴趣。

还有一个在评估上更难确定的因素，就是学生即使真正有了学习语文的兴趣，是不是由一位或多位语文老师所引起的，或者是由其他原因所引起的，我们无从得到肯定的答案。我们只能说两者之间有关系，但是语文教师对学生所引起的学习语文兴趣的浓度、关系密切到什么程度，就难以测定了。

（五）课室观察

本来课室观察是教师最具体的表现。可是这里有一个基本的问题，那就是视导人员到学校课室去观察教师的语文教学活动的次数是有限的。这有限的次数，是否可以代表教师的全面教学表现呢？所能观察到的可能不到1%。从1%的教学表现来评估一位老师的教学，评估得出来的答案是否可靠，是否准确呢？换句话说，以课室教学活动来评估一位语文老师，因时间、空间的限制，有许多因素是观察不到、测量不到的。

（六）其他问题

事实上，在评估的过程中，许多可测量的项目，也包含着不能测量的因素。举个例子，如语文作业的批改，从数量上去统计，我们很容易得到一个结果，至于质方面，批改得认真不认真、认真到什么程度，对学生学习语文的影响起什么作用，都是难以测量的。

四 未来趋向

从目前研究看来，对一般老师的评估的发展趋向是综合性的。对语文老师的评估相信也是如此。因为有很多语文教学因素是不容易测量的，多方面的综合评估，会得出一个更公平的结论。

评估的目的，一方面是要使语文老师能够发现一些语文教学上的问题，进而改善他的教学方法，提高教学的效果。另一方面，累积性的评估目的，是要取得一个可资比较的标准。

评估趋向于以课室教学为中心，再辅以其他的评估方式作为参考。这些方式包括问卷、讨论、学生评估、学生学业成绩、自我评估等几个项目。课室教学的评估，应由有经验和有专长的视导人员来执行。

视导人员与老师，应该有互相交换意见的机会。那就是说评估应该走向双轨的活动。经验告诉我们，导师与教师之间的良好关系，仍是改善课室教学最有效的方法。①

评估应有重点，同时应避免产生主观偏见。累积性的评估，最好避免以一个人的意见来做决定。任何方式的评估，任何发展的方向，都应该朝着建立一个更公平、更合理的标准为目的。

---

① Thomas L. McGreal, Effective Teacher Evaluation Systems, *Evaluational Leadership*, Vol 39.1982.

第四节　个案分析[①]

——以新加坡小学华语课程改革效果评估为例

一　背景

(一) 新加坡华文教育的社会语言学背景

新加坡社会的多元化(多种族多语言)特点使其成为东西方文化在亚洲的相聚之地,丰富多彩的语言生活为其在国际语言规划学界赢得了"语言实验室"的称号,一些国际语言规划学者将语言政策的成功看作是新加坡"经济奇迹"的决定因素之一。但近年来境内外也不断有学者开始以批判眼光研究和分析新加坡语言政治。[②] 简而言之,就华文教育而言,新加坡语言生活呈现如下特点:(1)社会人口统计学结构如前总理李光耀所概括:马来世界中以华人为主体的英语社会。据 2000 年人口统计数字,华人占总人口的 76.8%。(2)政府视语言为决定国家经济发展和种族和谐的社会政治文化资源,语言规划政策的特点为:自上而下、显性、宏观,或曰强势干预主义(interventionism)。

---

① 本部分节选自赵守辉、吴福焕《新加坡小学华语课程改革效果的综合评估——设计、实施及意义》,《第九届世界华语文教学研讨会论文集》(第三册),中国台湾世界华语文教学学会,2009 年 12 月。

② Zhao, S.H. & Liu, Y.B., The Home Language Shift and its Implications for Language Planningin Singapore: From the Perspective of Prestige Planning. *Asia-Pacific Education Researcher*, 2007:16/2, 111–126; Zhao, S.H. & Liu, Y.B., Issues of Status and Prestige Planning: Chinese and English in Singapore. *Language Problems and Language Planning* (submitted), 2009.

(3)语言政策主要通过“语言教育规划”(Language-in-Education Planning)实现，特点是英语必知双语政策(English Knowing Bilingualism)，英语为了科技和贸易的实利以及族际沟通，三大母语为了母族文化和亚洲价值观，即“母语为体，英语为用”。(4)英语必知双语教育政策实施的两个明显结果是，新加坡成了亚洲唯一采取前殖民者母语为通用语的政体，并使这个华人为主体的社会成了亚细安(ASEAN)中很可能唯一没有华文学校的国家。(5)华人社区的家庭用语在过去的30年间发生了两次大迁移，第一次是1979年“讲华语运动”后，从南方各大方言到标准华语的转变，第二次是目前正在发生着的自本世纪初随全球化高潮而由华语至英语的转变。①

(二)教改的背景和内容

新加坡华文政策的特点是政府通过语言教育规划进行积极参与和领导，具体手段是通过由高层政治领袖领衔的报告书形式进行阶段性检讨。② 新加坡语言政策肇始于1956年的《各党派报告书》(全称《新加坡立法会各党派委员会华文教育报告书》，*Report of the All-Party Committee of the Singapore Legislative Assembly on Chinese Education*)。此后，除了1978年由时任副总理吴庆瑞主持研究的《1977年教育部报告书》，1991年以来，教育部对华文教育又进行过三次重要的高层检讨。2004年的《华文课程及教学法检讨委员会报告书》出台的背景是，其

---

① Zhao, S. H., *The Rise of China and Its Implications to Singaporean Language Ecology-From the Perspective of Language Planning*. Paper presented to the 16th World Congress of International Union of Anthropological and Ethnological Sciences (IUAES). Kunming, China, 27－31 July, 2009.

② 谢泽文《从报告书看近年来新加坡华文教学的改革》，《新加坡华文教学论文四辑》，新加坡华文教学学会，2006年。

时华语和英语家庭的两种语言背景的小学入学人数已接近持平(49.8%)。[①] 故此，该报告书所推荐的“单元模式教学法”改革影响深远。

该革新教学法将学习内容分成不同范畴，每一个范畴的学习内容称为一个“单元”。通过不同单元的组合与排序，单元模式为程度不同的学生量体裁衣，制定不同的学习套餐，以照顾学生家庭语言背景及学习能力的差异，使华文教学更具灵活性。[②] 这种教学法共有四个单元，小学低年级单元模式课程的教学安排如图4-1所示。[③]

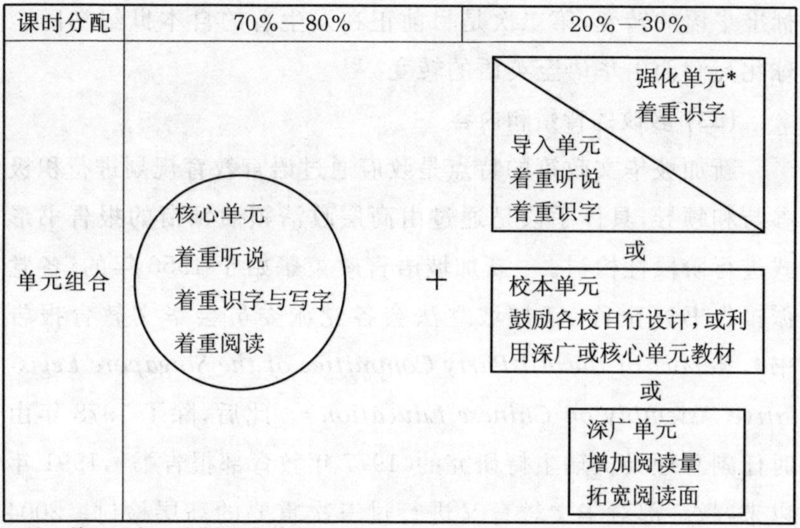

* 导入单元至小三后称“强化单元”

图4-1　单元模式教学法的课时分配和模式组合

① MOE, Refinements to Mother Language Policy, MOE press release, 9 Jan, 2004: http://www.moe.gov.sg/press/2004/pr20040109.htm.

② 刘俊铭《量身定制的单元模式教学》，《联合早报》(新加坡)，2007年3月27日。

③ 赵守辉、刘永兵《新加坡的华文教学改革及效果评估》，《汉语研究与应用》(第六辑)，中国社会科学出版社，2008年。

二 文献综述

为了进一步介绍研究背景及方法,我们先简述现今课程评鉴性研究的大体趋向,以及华语地区和新加坡的华文课程评鉴研究现况,进而引介出研究框架及研究工具。

(一) 海外二语教育评鉴性研究

1.国际概况。

课程评鉴性研究向来广受教育家、教育实践者及课程研发专家的关注。Richards(2001)指出,自20世纪60年代以来,课程评估主要是要研究课程是否达到其预定的目标;实施该课程时课堂或学校情况怎样。除课程目标及既定课程对课堂、学校运作的影响之外,学生的学习成果及利益相关者(包括教师、行政管理人员、学生及家长)对其满意程度也是受关注的热点。[①]因此,学者们多致力于对课程进行全方位评估。包括课程设计、[②]教学大纲/改革具体内容、[③]课堂教学过程、[④]教学材料、[⑤]

---

① Richards, J. C., *Curriculum Development in Language Teaching*, Cambridge: Cambridge University Press, 2001.

② Wire, C. &J. Roberts, *Evaluation in ELT*. Oxford: Blackwell,1994.

③ White, R.V., *The ELT Curriculum*, Oxford: Blackwell;祝新华《能力发展动向的评语与教学综论》,新加坡中外翻译书社,2005年。

④ Wu, X.C., Li, W.L. & Anderson, R.C., Reading Instruction in China, *Journal of Curriculum Studies*, (31)5, 1998; 祝新华《能力发展动向的评语与教学综论》。

⑤ Apple, M.W., *Cultural Politics and Education*, Buckingham: Open University Press,1996;Apple, M.W., *Power, Meaning and Identity: Essays in Critical Education Studies*, New York: Peter Lang Publishing, 1999;Altbach, P.G. & Kelly, G.P.(eds.), *Textbooks in the Third World*,New York: Garland Publishing,1988;Eliot, D.C. & Woodward, A. (eds.), *Textbooks and Schooling in the United States*, Chicago: The University of Chicago Press,1990.

学习动机及环境。[1] 也有学者尝试糅合几个方面进行综合研究,以期为推动新课程改革的规划和实施提供更全面的视角。[2] 与此同时,评价的中心也由验证结果转为收集过程资讯,从计划到实施对课程做出全面的描述和评判。[3]

关于评估的意义,Wire & Roberts(1994)将语言教育的评鉴性研究区分为两类:责任导向型和过程导向型。[4] Richards(2001)则按评估的目的归纳了三种类型:发展型的评估适用于正在实施中的专案,目的是对课程进行监督并将监督结果作为改进的一部分;说明型评估则只是要说明项目有哪些方面的变化和进步,而非真正要去改进正在实施的改革;总结型评估则关注改革的效果和结果的可解释性,在一定程度上去发现问题所在。[5] 本项研究更类似于第一种类型的评估。

2.华语区的教改与评估研究。

过去10年间,在包括中国(包括港台)和新加坡等华语教育体制下,无论在小学还是初中,华语教学都经历了一场轰轰烈烈

---

① Chua, S.L., *An Investigation of the Nature of Chinese Language Classroom Learning Environments in Singapore Secondary Schools*. Doctorate Thesis. National Institute of Education, Nanyang Technological University, 2004.

② Smith, N. L., Evaluation Models and Approaches. In T. Plomp, et. al. (ed.) *International Encyclopedia of Educational Technology*, Oxford, UK; Tarrtown N.Y.: Pergamon, 1996.

③ Hewing, M. & Dudley-Evans, T., *Evaluation and Course Design in EAP*. London: Modern English Publishions in association with The British Council, 1996.

④ Wire, C. & Roberts, J., *Evaluation in ELT*. Oxford: Blackwell, 1994.

⑤ Richards, J. C., *Curriculum Development in Language Teaching*. Cambridge: Cambridge University Press, 2001.

的课程改革浪潮。[①] 但是相关文献表明，除了有大量资金投入教育研究的香港以外，其他地区的课程改革几乎还没有进行过比较全面的量化评估。近年来，语言教学研究学者们从四个维度考察了新课程的教学效果，即学生、教师、管理机构（领导的更替、工作文化、指导材料等方面）和学校（黄显华、李玉蓉，2006）。这些研究获得了大量的研究资料和理论成果，包括：(1)本地课程评估的发展和经验，以及评估带来的实际影响。(2)对现有的理论研究框架和模式的分析。(3)对可参考的评估研究过程以及评估工具的分析研究，如发展、修改或调整原有的评估工具等。

在香港实施的研究中，与我们的研究相关的两个质化研究主要有黄显华与李玉蓉(2006)及吴茂源与黄显华(2006)[②]。前者主要侧重于学生的学习经历，其资料是在中学华文课标改革后的最初两年内采集的。作者从学生的角度考察了他们自2002年至2003年间的学习经历。在采集资料的过程中运用了四种研究工具：学生问卷调查，学生的半开放型访谈，课堂观察，对课程的文献分析。该研究结果发现：(1)学生认为在中学的华文课上所学的内容比小学的华文课内容对他们今后的学习更加有益。(2)学生较为喜欢的学习环境包括：课堂中多样的学习活动；良好的师生关系，教师支持并帮助学习；学习任务灵活有趣，既与日常生活息息相关又启发思考。(3)反之，学生参与不多的课堂则是：教师授课为主，常批评学生而非积极鼓励

---

① 黄显华、李玉蓉《新修订中学中国语文课程下的学生学习经验》，香港中文大学教育学院、香港教育研究所，2006年。

② 吴茂源、黄显华《从课程设计角度剖析中学中文课教师对新修订中学中国语文课程的意见》，香港中文大学教育学院、香港教育研究所，2006年。

支持，并且课堂任务往往较为机械、缺乏灵活性。

第二项研究则从考察中学华文教师课程设计的角度，考察了他们对于新课标的理解及接受程度。该研究的资料来源于此前两个研究中对25所中学的52位教师的访谈。研究结果显示，教师们对于2002年起实施的新课程的目标及教学法理解得十分透彻。此外，教师们表示需要更多课堂学习活动的安排（配套教学资料）以及测试（测试的形式）方面的知识。基于这些研究结果，研究者向参与学校及全港教育系统提出了改进建议，并可供今后研究之用。

（二）新加坡的华文课程评鉴性研究

1.过去的研究。

如前所述，新加坡华语课程改革的特点是，每隔一段时间便由政府组织专家学者对上一阶段的改革进行成果总结和检讨，但此类评鉴性研究多为华文课程利益相关者对关注内容所做的主观判断。尽管还没有组织过全国性的大规模定量调查评估，也有学者进行过旨在探讨华文课程改革的某些特定课题的实证性研究。① 其中，Chua（2004）对新加坡中学华文课堂教学特征的研究与本研究颇有关联。Chua想借该研究探讨师生对华文课堂学习环境的看法及学习动机的差异，后来发现尽管师生都对华文课堂学习环境持有乐观的态度，但学生的乐观程度远低

---

① Ang, B.C., *The Reform of Chinese Language Teaching in Singapore Primary Schools(1974 - 1984)*. Doctorate Thesis. National University of Singapore, 1991; Lim, B.K., *Chinese Teachers' Attitude towards Use of IT in Education*. Master degree thesis. Singapore: National Institute of Education, Nanyang hnological University, 2003.

于教师。她综合分析学生对华文课堂学习环境的看法及学习动机的关系后,发现在使用的六种评估课堂学习环境的因素中,"任务导向"型对于促进华文学习动机最明显。她因此建议在华文课堂中宜多引入"任务导向"方法,以加强学生的华文学习动机(Chua, S. L., 2004)。其他一些有关研究也都是个人性的具体专案的评估(而非整个系统的)。特别与本项目有关的一项比较重要的研究是 Liu & Goh(2006)对此次改革前的课标与教材一致关系的批判性分析。该研究为了量化地比较课标要求在教材中的落实情况,对所选教材的语言和文化内容做了较为系统的手工标注。①

2.对现行的华文课程的研究。

应新加坡教育部课程规划与发展司(CPDD)的要求,南洋理工大学国立教育学院教学与实践研究中心华文研究小组于2005年启动了一个研究项目,对上述新华文课程单元模式的课堂教学状况进行了为期两年的调查分析。② 该项目利用由该研究中心开发的华文课堂观察系统(以该中心所拥有的 Singapore Pedagogy Coding Scheme 为基础发展而成),在16所参与新课程试教小学和非试教小学(对照组)的一年级、二年级和三年级

---

① Liu, Y.B. & Goh, H.H., *A Critical Examination of the Newly Revised Chinese Syllabus and Textbooks for Singapore Primary School Students* (Final Technical Report submitted to CPDD/MOE). Singapore: Centre for Research in Pedagogy and Practice, National Institute of Education, Nanyang Technological University, 2006.

② CLRT (Chinese Language Research Team, 2007), *Chinese Language Pedagogical Experiment: A Comparative Study of Classroom Practices in Singapore Primary Schools*. (Final Technical Report submitted to CPDD/MOE). Singapore: Centre for Research in Pedagogy and Practice, National Institute of Education, Nanyang Technological University, 2007.

的抽样班级中，对57个授课单元的课堂教学实践进行了配对观察，并系统地做了即时记录。统计对比分析显示，在试教课堂里，师生之间进行了更多的互动教学活动，学生也更能投入班级讨论和小组活动，大部分时间都会主动参与话语构建。与此相反，在传统非试教对照组课堂中，多教师独白与核对性提问，学生或集体或单独机械式地给出教师认定的正确答案，因此学生主动参与话语构建的空间有限。这也证实了在新课程中教师更能重视学生的话语交际能力的发展。不过，统计结果也指出了在有些互动教学活动中，教师仅仅注重学生对基本语言结构（如文字和词汇）的学习，而忽视了对现实交际能力的培养。

尽管这些研究从教学法的角度向我们展示了新华文课程单元模式的实施情况，但它们都还不能够回答几个关键的问题：(1)怎样的课堂教学方法和活动才有利于对学生华文能力的发展？(2)为什么有些试教课堂只注重基本语文知识的学习，而忽略了交际目的？(3)实施新课程后，学生的学习动机和态度是否有所转变？

特别是教师的因素，如他们对教改的理念理解是否充分、教师的态度和信仰与其课堂实践的关系怎样、在执行新教法时是否获得了足够的支持。因此，我们需要一个在更大规模上，采用量化和质化相结合，将试教课堂及传统课堂的教学法、学生的口语能力和学习动机、教师的教学理念三方面的情况进行对比及相关分析来为我们提供更细致的描述。

三　本项研究的设计与实施

(一) 研究规模与框架

本研究涉及新加坡全岛 20 所小学 60 个班的 1 600 名同学,研究期限为 3 年。因本次改革的最大特色是所谓的“量体裁衣,各取所需”,即教材内容和教法适合不同家庭语言背景的学习者,特别是向家庭用语主要为英语(截至 2009 年的官方数字显示英语背景家庭入学新生已达 60%①)的弱势华语使用者倾斜。故此,我们的学校取样将按照本地的教育体系构成,按大致比例随机抽取三类学校:10 所邻里学校作为主流小学的代表,具有教会传统的学校和特选学校各 5 所。教会传统的学校一般被看作英文背景比较强的学校,学生一般华语较弱,②特选学校是公认具有精英特点的传统华校,它们获政府特别资助,英语和华语都作为第一语言学习。然后在每所学校随机抽取导入、核心和强化三个单元班(详见表 4－11)。

表 4－11　课堂观察研究抽样

样本来源	邻里学校	教会学校	特选学校
参加研究专案学校	10	5	5
总数	10 + 5 + 5 = 20(学校)		
小组访谈教师	30	15	15
总数	30 + 15 + 15 = 60(老师)		

---

① Ng, E. H., Minister for Education's Keynote Address, *MOE Work Plan Seminar 2009*. Ngee Ann Polytechnic Convention Centre, 2009.

② Goh, Y. S., English Language use in Chinese Language Teaching as a Second Language. In V. Vaish, S. Gopinathan, Y. Liu (eds.) *Language, Capital, Culture: Critical Studies and Education in Singapore*. Amsterdam: Sense Publishers, 2007.

（续表）

样本来源	邻里学校	教会学校	特选学校
模式/所观察课堂			
·核心模式	1	1	1
·导入模式	1	1	1
·深广模式	1	1	1
总数	10×3+5×3+5×3=60(班级)		
参加的学生			
·核心模式	35	35	35
·深广模式	30	30	30
·导入模式	15	15	15
学生总数	20 班级×(35+30+15)=1600(学生)		

该课题为一个覆盖全岛教育系统的语言教学法改革的评鉴性综合研究，评鉴内容包括推广新课程所涉及的全部三大主要组成部分，即课程设计、课堂教学及学生学习，可简示为下图（图4-2）。针对研究目的所关心的重点，我们设计了如下的研究方法：文献对照分析、课堂观察、问卷调查量表、小组访谈、关键参与人访谈、作品分析等。

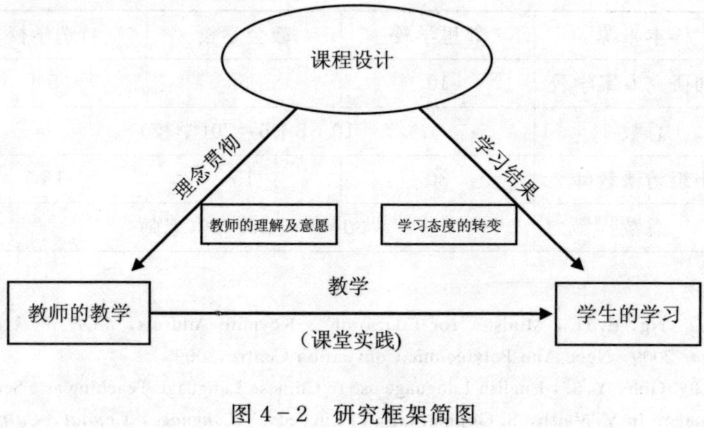

图4-2　研究框架简图

(二)主要研究工具开发简介

系统地开发和改进一系列的研究工具,以利于有兴趣者在各种规模上的使用,并为将来本地及其他教育体系实施大规模教改评估在研究框架和工具方面提供参考平台,这也是本研究项目立项目的之一。受篇幅所限,下面的介绍只是粗略的概括。

1.文献分析与小组访谈:课堂教师对改革理念的接受。

文献对照分析用于考察改革理念实施的有效性。具体而言,即三级改革文献的一致性,包括改革启动之初最上位的华语课程教育检讨委员会报告书、小学华语课标以及教材(教师指导手册以及学生练习簿)。语言教育改革目标执行的有效性是近年来引起语言规划学者关心的一个热门课题。我们通过文本分析试图揭示,改革最初的理念是为了满足国家社会发展的总体目标,这一载入改革高层的目标有没有体现在更加具体和细化的课标这个层面,课标的规定又是如何落实到教材和教学内容的安排中的。大量现有研究表明①,语言教学改革的主要问题是理想与现实的脱节,也就是教材编写及教法与决策者的最初改革理念渐行渐远是一个极为普遍的现象。除了文献分析,在关键参与者访谈这一研究方法中,我们将争取采访倡议改革并参与政策制定的11位华语课程教育检讨委员会的主要成员,倾

① Bamgbose, A., Language Planning and Language Policies: Issues and Prospects. In Sterkenburg, P.G.J. van(ed.), *Linguistics Today: Facing a Greater Challenge* (62-88). Amsterdam, The Netherlands: John Benjamins Publishing Company, 2004; Chua, C.S.K. 2006. Singapore Educational Planning: Moving from the Macro to the Micro. *Current Issues in Language Planning*. 7(2-3); Li, M.L., *English Language-in-Education Policy and Planning in Schools in the PRC: Teachers as Actors or Implementers*. A Thesis Submitted for the Degree of Doctor of Philosophy at The University of Queensland, 2008.

听他们作为历史见证人的个人见解和满意度。

与上述问题紧密相关的一个方面是课堂教师作为实践者对改革理念的理解和执行意愿及能力(包括时间和空间的条件),这一般也被认为是改革难以如愿实施的另一大人为障碍。研究方法主要是小组访谈和问卷调查。小组访谈的对象是参与研究的60个班级的全职华文任课教师,每一小组(5—6人)访谈时间为40分钟,过程全部录音并转写成文本以备分析。提问方式采取半开放结构,有固定话题,但允许讨论和自由发挥。访谈结束后,将向同一批教师发放问卷调查表,内容为小组访谈话题的概括和总结。这份调查表还将通过官方的教师网络,向全岛小学华文教师发送1 000份(期待回收有效问卷不少于600份),以使调查达到统计力度要求。

与教师进行小组访谈的主要目的是更进一步收集相关资讯以辅助解释学生的课堂表现和成绩变化,覆盖的主要内容为:(1)教师对新课程和旧课程优缺点的不同看法,以及他们对课程改革的态度,如教授课程的准备、信心、兴趣、自我评价,对课程设置的理解和希望等方面。(2)教学实践的各个方面,如教授策略、知识储备、技巧运用、教育资源和技术的应用以及教辅材料的开发等。(3)教授新课程的困难点和成功经验,例如是否有时空约束感、是否需要校内外的支援等。(4)具体的教学心得。

2.课堂观察:改革理念的实现。

对研究框架的第二部分内容课堂教学实践,我们将主要依靠课堂观察法,这也是本次研究方法中的重要组成部分。如前所言,本课题组曾对单元模式课堂进行过为期两年课堂对比观察。所采用"新加坡华文教学法课堂观察系统(SCPCS)"来源于

“新加坡教学法课堂观察系统(SPCS)”。SPCS是在综合考察国际上最新教学理论发展、课堂研究成果和相关的课堂观察工具的基础上研制编辑的。这是一个多门学科通用的课堂观察系统,我们改进后的版本融合进了几项与考察华语教学课堂更直接相关的范畴(赵守辉、刘永兵,2008)。为了适合本次评估目的要求,我们将对该课堂观察系统进行再开发。此外,对于所观察的每一堂课,我们还将随机选择5—6名同学,简单谈一下对该节课的感受和收获。

虽然我们在课堂观察研究和调查结果分析方面已经取得了相当丰富的经验,[①]在本次的研究中,我们将获得更巨量的课堂观察语料,如何在资料处理方法上获得新的突破,是本次研究面临的挑战之一。我们决定尝试采用社会网络分析方法。该方法作为在自然科学和社会科学都有广泛应用的研究手段,从世界范围看,在语言教学研究中的使用尚处于萌芽阶段;在课堂研究中的应用虽有一些探讨和憧憬,[②]未见有实用的研究报告。赵守辉与陈芯莹(2009)的初步研究显示,社会网络方法在分析处理课堂观察语料方面,虽有一定难度和经济成本问题,但不失为一种非常值得尝试的方法。[③]

---

① 赵守辉、刘永兵、张东波《课堂师生问答的话语过程及其对语言学习的影响》,《汉语研究与应用》(第五辑),中国社会科学出版社,2007年;张东波、赵守辉、刘永兵《新加坡华文课堂的教师提问与师生互动》,《语言教学与研究》2008年第3期;Liu, Y. B. & Zhao, S. H., Chinese Language Instruction in Singapore Primary School Classroom: A Comparative Study. *Pedagogies: An International Journal*, 2008, 3 (3)。

② Larsen-Freeman, D. & Cameron, L., *Complex System and Applied Linguistics*. Oxford: Oxford University Press, 2008.

③ 赵守辉、陈芯莹《社会网路分析法在新加坡小学华文课堂教学研究中的应用》,2009年。

该方法的采用，不仅方便地量化观察搜集的资料，更为重要的是，通过对根据图论和拓扑学原理生成的网络图的分析，可以直观形象地展示和分析课堂师生互动话语各个方面的具体情况，特别是可以通过一些相关的社会网络以及图论分析概念，如节点度、平均边长、聚集系数、中心势、点出/入度、弱/强连接、内/外接近性等，该方法还有能力告诉我们全课堂学习个体之间的话语关系和对话风格。将课堂资料按需要标注后，利用社会网络专用软件生成网络图，可以高效准确地比较出新旧课程在课堂话语构建特色上的总体差异，以往传统的分析方法，只将课堂观察结果列表计算时间百分比，一般只能反映老师和班级整体的对话模式，与其相比，新方法的引进具有明显的优点。

此外，这里需要解释一个可能的疑问，之所以没有采用更具量化性质的测试法，主要是因为测试法已经在本课题组承担的另一项相关的评鉴性研究中采用。① 该为期一年半的项目与本研究相辅相成，其核心是采用测试法，通过与对照组课堂相比考察在单元模式课程下，学生的口语交际能力（本次改革所强调重点之一）的提高情况。此外，此次放弃测试法还有其他一些考虑，在此未能尽言。

3.问卷调查：学习效果的评估。

由于决定不采用测试法，我们将学习效果定义为学习态度的改变而非简单的学习成绩的测验。从对学习成绩的量化测试

---

① CLRT, *Study of Chinese Language Oral Competence of Primary School Students-Exploring Effectiveness of the Newly Implemented Curriculum*. (Interim Technical Report submitted to CPDD/MOE). Singapore: Centre for Research in Pedagogy and Practice, National Institute of Education, Nanyang Technological University, 2008.

转变到重视对过程(态度和兴趣变化)的描述,这也是当今教育改革评鉴性研究的最新发展。[①] 所以,我们将评估重点放在揭示学生在新课程下,经过两年的学习(跟踪时间为两年,即从小一到小三发放两次调查表),在学习态度转变和兴趣提高方面发生了怎样的变化。改变厌学情绪,有效提高学生的华语学习热情,是本次教改的另一大核心点。我们认为这种通过观察转变过程以代替对统计考分的依赖,对课程改革效绩的评估更具说服力。我们采用的研究工具主要为两份问卷调查量表:其一是我们改进开发的"华文课程评估调查问卷"(CLCES),其二是利用现有的"新加坡小学华文学生学习动机调查表",[②]对该量表只做个别词句调整,不再重新进行效度验证。此外,研究小组还将系统搜集学生学习活动作品,配合调查表进行分析评鉴。

通过分析本研究中的目标和广泛的文献调查,我们认为现有的研究工具中,Chua(2004)的华语课堂环境调查问卷(CLCEl)更适合本项研究中关于学生对课堂学习环境的考察。学生调查问卷是本研究中一个非常重要的研究工具。它能够为我们提供学生对教学环境的认知和理解。CLCEI 是 Chua 根据"课堂情况现在时"(WIHIC)问卷修改而来的。WIHIC 问卷是一个非常有效的课堂环境调查工具,Fraser 等(1996)建立并使用该问卷对不同教育体系(包括华语区的中国台湾)的课堂学习

---

① Richards, J. C., *Curriculum Development in Language Teaching*. Cambridge: Cambridge University Press, 2001.

② Soh, K. C., Measuring Motivation to Learn Chinese and English through Self-Reported feelings and Behaviours. *Singapore Journal of Education*, 13(1), 1993.

环境做过广泛的定量研究。[①] WIHIC 问卷以七个范畴来测量课堂环境的不同方面，如学生间的关系、教师的支持、课堂参与程度等，每范畴表由八个题目组成。Chua(2004)将其用于研究新加坡中学生的课堂学习情况，证明了这是一个可靠且有效的双语课堂环境调查工具，并在 1 460 个样本中对其进行了效度验证。我们对 CLCEI 问卷做了三方面的修改和调整：(1)对 CLCEI 的量表做了删补处理。加入的有三个范畴，用于考察原问卷未明确涉及的三个方面，即教辅材料的使用、学生的交际能力以及课程设计。由此，本研究中所使用的问卷包括八个范畴，共计 40 个题目。量表的删补是我们对 CLCEI 问卷最主要的修改，而最终的量表和题目的设置还需要根据实际调查资料进行验证和调整。(2)对每个范畴的题目数量做了调整，以确保收集到的资料真实有效。本研究的被访者是小学学生，问题量需要考虑因儿童用脑疲劳对答卷真实性和可靠性的影响。我们对问卷题目的表述做了调整，使其更直白易懂。尽力使问卷的题目更易让小学生理解和回答。

我们希望经过上述修改和调整而建立的“华文课程评估调查问卷”(CLCES)，能够作为 CLCEI 的有效补充，通过发现其潜在的局限性，使之更加完善。我们将根据 CLCEI 同样的验证方法对其进行信度和效度检验。包括内在一致性信度验证、区别性效度验证、班级区分效度验证、量表的因数分析(赵守辉、刘

---

① Fraser, B. J., Fisher, D. L. & McRobbie, C. J., *Development, validation and use of personal and class forms of a new classroom environment instrument*. Paper presented at the annual meeting of the American Educational Research Association, New York, 1996.

永兵，2008）。

我们认为重新开发可利用“华文课程评估调查问卷”（CLCES），其贡献是弥补 Chua 的 CLCEI 一些不足，包括：（1）Chua 的研究并没有提供定性研究资料来补足定量资料，而我们的研究中包含了定性研究部分（访谈等），能够证实 Chua 所提出的一些研究发现，增强人们对课堂环境本质的理解，从而也能提高本研究的品质、增加研究结果的可信性。（2）Chua 的研究中所选择的样本并不能代表整个新加坡所有类型学校中学习华语的学生，因此其对华语课堂学习情况的研究结果并不适于全面推广。（3）Chua 提出可以将 CLCEI 精简成为较短的版本，便于教授华文的教师随时进行自测或者用于低年级（小学生）华文课堂环境的调查研究。

我们相信，本研究中对 CLCEI 问卷应用于小学课堂的成功调整，可以把分析课堂学习环境的理念和方法扩展到华文课程评估的研究中。调整完成的 CLCES 对今后的研究也具有重要的意义和价值。

四　结语

本研究首先简略地介绍了新加坡社会语言特色和华语当前的处境，然后按国际、华语区和本地三个层次回顾了语言教育改革的进展和现状，目的是为了将本项研究置于更广阔的背景中，以突显这样的一个研究项目的价值和意义。在研究方法部分，我们重点介绍了本项研究的框架、课堂观察的研究方法以及课堂学习环境调查量表的开发。受篇幅所限，研究的具体实施步骤和资料分析方法只好舍弃。

以实证性的科学研究为决策依据正在成为世界各地教育革新的理想模式。新加坡的华文教育被看作是世界华语文教学的一大主力，而且极富特色并充满生机，特别是近年来，有很多创新实验和研究（赵守辉、刘永兵，2008；赵守辉、王一敏，2009①）。本项研究的直接目的是满足本地的教育决策需求，即通过对改革实施过程中经验的总结和实效评估，为下一步的继续改革和提高提供参考。如果大而言之，作为一个大型公共投资研究项目，我们也殷切希望本项研究所积累的经验，能够在更广泛的范围内产生影响。新加坡由于受条件所限，知识经济长期以来为其制定社会发展规划的基本国策，又因其特殊的地缘政治和历史，语言政策为国家政治生活的重要组成部分。另一方面，在文化教育领域，人们在不停地寻求发掘自身潜力的发展点，以期实现提高软实力的突破。② 面对亚洲地区一浪高过一浪的英语学习热情，加上随中国经济崛起迅疾发展壮大的华语学习规模，新加坡近年来接连推出的几项重大的文化教育事业举措，表明大家正在逐渐形成一个新的共识，即发挥自身地缘和多语环境的优势，逐渐将新加坡打造成该地区英语和国际华语文教育和培训中心。③

就华语教育而言，世界华文教育无论是在华语区还是在世界各地，都在成为一个充满活力与机遇的教学和科研领域，同

---

① 赵守辉、王一敏《语言规划视域下新加坡华语教育的五大关系》，《北华大学学报》（社科版）2009 年第 3 期。

② Lee, H.L., A Step Forward, A Level Higher. *Strait Times*, 24, August, 2004,6.

③ Ng, E. H., Minister for Education's Keynote Address, *MOE Work Plan Seminar* 2009. Ngee Ann Polytechnic Convention Centre,2009.

时，教法的革新提高也随之受到前所未有的重视，但全面系统的评鉴性研究仍极鲜见。在这个意义上说，本项研究在较全面综述前人语言教育改革评鉴性研究基础上，确定研究框架，并将系统地开发试用一系列研究方法。我们愿意看到，本项目积累的研究经验，能够为将来世界各地华语文教改的评鉴性研究提供借鉴，研究框架和研究工具得到应用和改进：而且，对华语母语语文教育也具有一定的参考价值，特别是新加坡的华语教学，与中国的少数民族地区的汉语教育（对内汉语教学）在社会语言学领域也有众多的相似性，庶几互相影响与互动，这也是本项研究立项的长远目的之一。

图书在版编目(CIP)数据

华文测试与教学评估研究/黄霆玮主编. —北京：
商务印书馆，2016
(华文教学研究丛书)
ISBN 978-7-100-11343-4

Ⅰ.①华… Ⅱ.①黄… Ⅲ.①汉语—对外汉语
教学—教育评估—研究 Ⅳ.①H195.3

中国版本图书馆CIP数据核字(2015)第127291号

华文测试与教学评估研究
主　编　黄霆玮
副主编　王　芳

商　务　印　书　馆　出　版
(北京王府井大街36号　邮政编码100710)
商　务　印　书　馆　发　行
北　京　冠　中　印　刷　厂　印　刷
ISBN 978-7-100-11343-4

2016年9月第1版　　　开本880×1230　1/32
2016年9月北京第1次印刷　　　印张8¼
定价：30.00元